Nouveauté 2012

CE1

CROQUE lignes

Lire et écrire à partir d'œuvres de littérature de jeunesse et de textes documentaires

CONFORME AUX PROGRAMMES 2008

Présentation du manuel

Nathan

Présentation du manuel

10 unités, 10 œuvres intégrales : 5 histoires, 5 documentaires

Les pages de l'histoire ou du documentaire

Tu lis chaque épisode de l'histoire ou chaque partie du documentaire.

Les pages de Lecture / Expression

Après chaque épisode, **tu réponds** à l'oral à des questions pour mieux comprendre l'histoire.

À la fin de chaque épisode, **tu vérifies** que tu l'as bien compris.

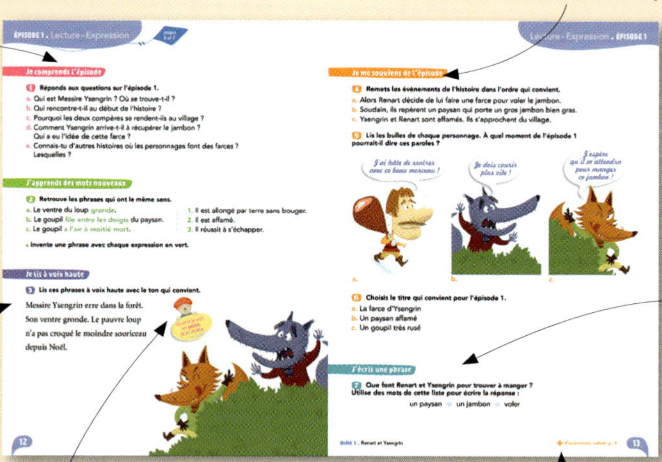

Tu apprends des mots nouveaux grâce à l'histoire et aux questions.

Tu écris une phrase ou un petit texte en lien avec l'histoire ou le documentaire.

Tu lis à voix haute un passage du texte. Le souriceau Croque-Lignes est là pour t'aider !

Dans le **cahier**, tu trouveras des exercices pour t'entraîner en autonomie dans tous les domaines.

Tu vérifies si tu as bien compris l'ensemble de l'histoire ou du documentaire.

À la fin de l'histoire, **tu donnes ton avis** et tu échanges avec tes camarades.

Le **petit dictionnaire** de l'histoire pour comprendre les mots difficiles du texte.

Des **activités** pour apprendre à utiliser le dictionnaire.

Les pages d'étude de la langue

Six pages d'étude de la langue (une double page par épisode). Une couleur par domaine pour mieux te repérer : **orthographe**, **grammaire**, **conjugaison**, **vocabulaire**, **Atelier des mots**.

➡ Renvoi au mémo

Un **petit texte** pour découvrir la notion.

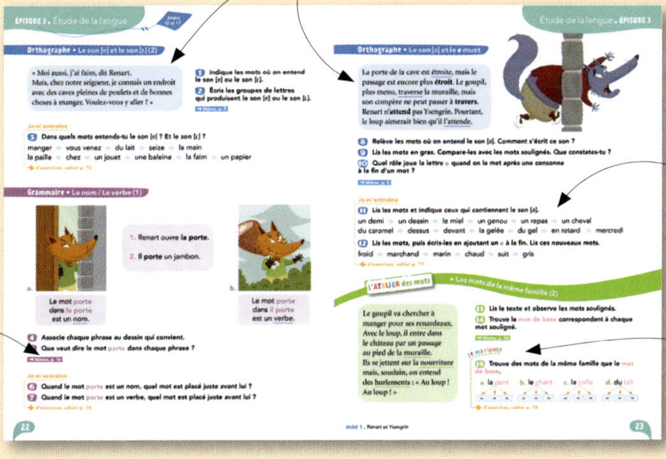

Des **exercices** pour t'entraîner et vérifier si tu as bien compris la notion.

Manipule et construis des mots dans l'**Atelier des mots**.

À la fin de chaque unité

Tu découvres d'autres œuvres et des livres sur le thème de l'unité.

Et, en plus, ton **Mémo** pour mémoriser chaque notion d'étude de la langue.

Dans la même collection

CROQUE *lignes*

Sous la direction
de Jean Émile GOMBERT
professeur de psychologie des apprentissages
à l'université Rennes 2

FRANÇAIS

Programmes 2008

CE1

Olivier DARTOIS
Professeur des écoles

Serge HERREMAN
Professeur des écoles et formateur IUFM

Paul-Luc MÉDARD
Directeur d'école

Nicole MÉNAGER
Maître de conférences en linguistique française
à l'université Rennes 2

Carine ROYER
Maître de conférences en psychologie cognitive
à l'université de Cergy-Pontoise IUFM

Sophie SNÉGAROFF
Professeur des écoles

Le papier de cet ouvrage est composé
de fibres naturelles, renouvelables,
fabriquées à partir de bois
provenant de forêts gérées
de manière responsable.

Nathan

Sommaire

ISBN 978-2-0-9-122512-8

Les mammifères marins
4

Le rossignol de Chine
5

Karim, Aïcha et Nadir : enfants du Maroc
6

Amour, mon amour
7

Sommaire

unité
8
La vie secrète des arbres

unité
9
Plume-Rouge

unité
10
Les Indiens

unité 1

Renart et Ysengrin

Un conte populaire du Moyen Âge
illustré par Romain Guyard

Nathan

ÉPISODE 1

Messire Ysengrin erre* dans la forêt.
Son ventre gronde. Le pauvre loup n'a pas croqué le moindre souriceau depuis Noël.
Soudain surgit Renart, affamé comme lui.
– Où allez-vous ? lui demande le loup.
– Je m'en vais du côté du village, répond Renart. C'est jour de marché… Accompagnez-moi si vous voulez. Nous trouverons peut-être un morceau de quelque chose à grignoter.

Sitôt dit, sitôt fait. À l'abri d'un buisson, nos deux compères* observent les allées et venues des marchands. C'est alors qu'ils remarquent sur le chemin un paysan quittant le village avec un énorme jambon bien gras.

– Voici notre dîner, dit le goupil*.
Compère Ysengrin, écoutez bien !
Restez caché là et quand ce nigaud*
posera son jambon, prenez-le
et courez jusqu'à votre maison.
Plus tard, je vous rejoindrai
et nous partagerons.

Sortant de sa cachette, Renart se précipite
et se couche au beau milieu de la route.
– Cornegidouille ! s'écrit le paysan, apercevant
l'animal. Voilà ma chance ! Ce goupil m'a l'air
à moitié mort. Ah, il bouge encore !
Posons ce jambon pour l'attraper plus facilement.
Attends un peu ! Ça y est, je l'ai ! Ventrebleu !
Il me file entre les doigts.
Viens par ici, maudit goupil !

Mais Renart est déjà loin…
Ysengrin et le jambon aussi !

Quand Renart arrive, tout essoufflé, à la chaumière* d'Ysengrin, il cogne à la porte.
– Ouvrez-moi, compère Ysengrin. Ma femme Hermeline et mes douze enfants sont presque morts de faim.
Le nez du loup apparaît.

– Ah, mon pauvre Renart, vous voilà ! Quelle misère ! Savez-vous qu'en rentrant chez moi, tout à l'heure, j'ai croisé la route du seigneur* de Haute-Cloche ? Dès qu'il me voit, il lâche ses chiens. Je m'enfuis, je vole presque ! Mais les sales bêtes sont plus rapides. En voilà un qui me mord la queue ! Que faire ? J'abandonne le jambon pour sauver ma vie !

Mais Renart sent l'odeur du jambon et l'aperçoit pendu à la poutre* de la chaumière. Le goupil comprend alors qu'il a été roulé par Ysengrin. Heureusement Renart est rusé.

– Je vous laisse vous reposer, mon ami. Remettez-vous rapidement. Je viendrai bientôt vous rendre visite.

Et c'est ce qu'il fait, la nuit venue. Renart grimpe sur le toit de la maisonnette et perce un trou dans le chaume*. Il se glisse par l'ouverture et décroche le jambon.

Cours, cours, petit goupil. Et porte ce jambon à ta chère Hermeline !

ÉPISODE 3

Dès l'aube*, Ysengrin frappe à la porte de Renart.
– Gentil goupil, je meurs de faim. Auriez-vous quelque chose pour moi ?
– Hélas, dit le goupil en riant dans sa barbe. Mon garde-manger est vide. Mais j'ai entendu dire que les caves du seigneur de Haute-Cloche sont pleines à craquer. Et il se trouve que je connais un moyen d'y entrer.

Renart conduit le loup au château et pénètre dans un passage étroit de la muraille. Ysengrin le suit, se faufilant* avec peine. Enfin, les voilà dans les caves où un festin* les attend : pâtés de canard, gâteaux de miel, saucisses fumées, poulets rôtis… Ysengrin se jette sur la nourriture, avalant tout ce qui lui tombe sous la dent. Soudain, un bruit de clé, une lumière et puis des cris : « Au loup ! Au loup ! ».

Les deux compères font demi-tour. Mais tandis que Renart se précipite à travers le trou du mur, le loup reste coincé ! Il a tant mangé que son ventre a enflé ! Déjà, les hommes arrivent.

– Par la barbichette de saint Pancrace, dit le seigneur de Haute-Cloche, jamais je n'ai vu un loup aussi nigaud ! Qu'on m'apporte mon épée !

À ces mots, le pauvre Ysengrin se tortille en tous sens. La tête passe, les pattes suivent, puis le ventre… mais pas la queue ! D'un coup d'épée, le seigneur l'a tranchée* net ! Poussant un hurlement de douleur, le loup s'enfuit vers la forêt où il paraît qu'il court encore…

Je comprends l'épisode

1 Réponds aux questions sur l'épisode 1.

a. Qui est Messire Ysengrin ? Où se trouve-t-il ?
b. Qui rencontre-t-il au début de l'histoire ?
c. Pourquoi les deux compères se rendent-ils au village ?
d. Comment Ysengrin arrive-t-il à récupérer le jambon ?
Qui a eu l'idée de cette farce ?
e. Connais-tu d'autres histoires où les personnages font des farces ?
Lesquelles ?

J'apprends des mots nouveaux

2 Retrouve les phrases qui ont le même sens.

a. Le ventre du loup **gronde**.
b. Le goupil **file entre les doigts** du paysan.
c. Le goupil **a l'air à moitié mort**.

1. Il est allongé par terre sans bouger.
2. Il est affamé.
3. Il réussit à s'échapper.

• **Invente une phrase avec chaque expression en vert.**

Je lis à voix haute

3 Lis ces phrases à voix haute avec le ton qui convient.

Messire Ysengrin erre dans la forêt.
Son ventre gronde. Le pauvre loup
n'a pas croqué le moindre souriceau
depuis Noël.

Je me souviens de l'épisode

4 **Remets les évènements de l'histoire dans l'ordre qui convient.**

a. Alors Renart décide de lui faire une farce pour voler le jambon.
b. Soudain, ils repèrent un paysan qui porte un gros jambon bien gras.
c. Ysengrin et Renart sont affamés. Ils s'approchent du village.

5 **Lis les bulles de chaque personnage. À quel moment de l'épisode 1 pourrait-il dire ces paroles ?**

a.

b.

c.

6 **Choisis le titre qui convient pour l'épisode 1.**

a. La farce d'Ysengrin
b. Un paysan affamé
c. Un goupil très rusé

J'écris une phrase

7 **Que font Renart et Ysengrin pour trouver à manger ? Utilise des mots de cette liste pour écrire la réponse :**

un paysan • un jambon • voler

+ d'exercices, cahier p. 4

pages 8 et 9

Je comprends l'épisode

1 Réponds aux questions sur l'épisode 2.

a. Pourquoi Renart va-t-il chez le loup ?
b. Que lui raconte le loup quand il lui ouvre sa porte ?
c. Comment Renart comprend-il que le loup ment ?
d. Comment Renart réagit-il ? Que fait-il la nuit venue ?
e. Selon toi, qui est le plus malin des deux : Ysengrin ou Renart ?

J'apprends des mots nouveaux

2 Explique les mots en vert avec tes propres mots.

a. Je m'enfuis, je vole presque.
b. Mes douze enfants sont morts de faim.
c. Le goupil a été roulé par Ysengrin.

3 Associe chaque début de phrase à la fin qui convient.

a. Renart arrive tout essoufflé…
b. Ysengrin croise la route du seigneur…
c. Renart perce un trou dans le chaume…

1. … pour se glisser dans la maison.
2. … car il a beaucoup couru.
3. … qui le poursuit avec ses chiens.

4 Observe cette scène, puis associe chaque nom de marchand au dessin qui correspond.

a. le potier et ses poteries
b. la paysanne, qui vend des poules et des gousses d'ail
c. le porcher et ses porcs
d. le bouvier et ses bœufs
e. le drapier et ses draps

Cette enluminure représente un grand marché au Moyen Âge que l'on appelait une **foire**.

• **Quels marchands pourrait-on ajouter sur ce dessin ?**

Je me souviens de l'épisode

5 Remets les évènements de l'histoire dans l'ordre qui convient.

a. Ysengrin raconte à Renart qu'il a dû abandonner le jambon.
b. Renart, affamé, frappe à la porte de la maison d'Ysengrin.
c. Renart sait qu'il ment et il récupère le jambon la nuit venue.

6 À quel moment de l'épisode 2 pourrais-tu ajouter cette nouvelle image ?

J'écris un petit texte

7 Imagine le dernier épisode de *Renart et Ysengrin*.
Pour t'aider, réponds à ces questions.

a. Que va découvrir le loup en se réveillant ?
b. Va-t-il se rendre chez Renart ?
c. Comment va-t-il trouver à manger ?
d. Quelle va être la fin de l'histoire ?

- **Tu peux commencer ton texte ainsi :**

Le lendemain matin, le loup...

Des mots pour t'aider

Noms	Verbes		Adjectifs	Autres mots
un paysan le seigneur le jambon	aller chercher se cacher	dérober attraper poursuivre	affamé effrayé rusé	ensuite facilement mais

+ d'exercices, cahier p. 9

Je comprends l'épisode

1 Réponds aux questions sur l'épisode 3.

a. Pourquoi Ysengrin frappe-t-il à la porte de Renart ?
b. Où se rendent-ils ensemble ? Qu'espèrent-ils trouver ?
c. Que se passe-t-il soudain ? Qui a du mal à s'enfuir ? Pourquoi ?
d. Penses-tu que c'est la faute de Renart si Ysengrin se retrouve coincé ? Pourquoi ?

J'apprends des mots nouveaux

2 Complète les phrases avec les mots de l'histoire.

dent • pleines • enflé

a. Les caves du château sont ~ à craquer.
b. Ysengrin avale tout ce qui lui tombe sous la ~ .
c. Le loup a tant mangé que son ventre a ~ .

• **Explique chaque phrase avec tes propres mots.**

Je me souviens de toute l'histoire

3 Réponds aux questions sur l'ensemble de l'histoire.

a. Quels sont les personnages de l'histoire ?
b. Quels sont ceux qui tombent dans un piège ?
c. Selon toi, qui est le plus rusé ? Explique pourquoi.

4 Réponds aux questions.

a. Qui se fait voler son jambon ? • Qui vole le jambon ?
b. Qui se fait trancher la queue ? • Qui tranche la queue ?
c. Qui se fait manger ses gâteaux ? • Qui mange les gâteaux ?

5 Discute avec tes camarades.

Et toi, t'a-t-on déjà fait des farces ? As-tu ri ?
As-tu eu envie de piéger la personne à ton tour ?

+ d'exercices, cahier p. 14

Petit dictionnaire de l'histoire

aube nom féminin. Moment où le jour se lève.

chaume nom masculin. Tige de blé coupé, appelée aussi paille. *Quand on a coupé le blé, il ne reste que le chaume dans le champ.*

chaumière nom féminin. Maison avec un toit recouvert de chaume. *Autrefois, les paysans vivaient dans des chaumières.*

compère nom masculin. Camarade avec qui on fait des farces ou des bêtises. *Les deux compères ont attrapé le chat de la voisine.*

errer verbe. Marcher sans savoir où l'on va. *Le petit Poucet erre dans la forêt.*

faufiler (se) verbe. Se glisser discrètement. *Le serpent se faufile entre les racines de l'arbre.*

festin nom masculin. Repas très copieux. *Pour ma fête, Mamie avait préparé un véritable festin.*

goupil nom masculin. Nom donné autrefois au renard. *Le goupil est un animal très rusé.*

nigaud nom masculin. Personne un peu bête. *Ce nigaud croit que la lune est en argent.*

poutre nom féminin. Grande pièce de bois qui soutient le toit d'une maison.

seigneur nom masculin. Personne riche et puissante qui vivait dans un château. *C'est le seigneur qui décide de tout dans son château.*

trancher verbe. Couper d'un coup. *Avec son couteau, il trancha la corde pour libérer le prisonnier.*

J'utilise le petit dictionnaire

6 Combien de mots sont expliqués dans le petit dictionnaire ?

7 Observe la première lettre de chaque mot expliqué (en bleu). Comment ces mots sont-ils rangés ?

8 Quels mots du petit dictionnaire correspondent à ces illustrations ?

a.

b.

c.

pages 6 et 7

Orthographe • Le son [o] et le son [ɔ]

Le pauvre loup erre au beau milieu de la forêt. Il n'a pas croqué le moindre souriceau depuis Noël. Il rêve d'un gros morceau de veau ou d'agneau à dévorer.

1 **Relève les mots où on entend le son [o] ou le son [ɔ].**

2 **Indique les groupes de lettres qui produisent le son [o] ou le son [ɔ].**

→ Mémo, p. 4

Je m'entraîne

3 **Dans quels mots entends-tu le son [o] ou le son [ɔ] ?**

un roman • trois • il gronde • un autre • il pose
une faute • soudain • beaucoup • un château • trop

4 **Cherche d'autres mots contenant le son [o] ou le son [ɔ]. Avec quelles lettres ce son est-il écrit ?**

+ d'exercices, cahier p. 5

Grammaire • La phrase (1)

1	a. Les compères observent les allées et venues marchands. b. Les compères observent les allées et venues des marchands.
2	a. C'est un jambon qui porte un paysan. b. C'est un paysan qui porte un jambon.
3	a. soudain, ils voient un homme sur le chemin b. Soudain, ils voient un homme sur le chemin.

5 **Dans chaque case, une phrase est incorrecte. Laquelle ?**

6 **Que faut-il faire pour qu'une phrase soit correcte ?**

→ Mémo, p. 16

Je m'entraîne

7 **Fabrique une phrase avec chaque série de mots.**

▶ buisson. | goupil | Le | du | sort

▶ sur | Un | le | paysan | chemin. | marche

+ d'exercices, cahier p. 6

Orthographe • Les sons [u] et [wa]

« Voici un goupil qui m'a l'air à moitié mort. Oh, il me file entre les doigts ! » dit le paysan. Et voilà Renart qui court rejoindre son compère le loup.

8 **Relève les mots où on entend le son [u]. Écris le groupe de lettres qui produit le son [u].**

9 **Relève les mots où on entend le son [wa]. Écris le groupe de lettres qui produit le son [wa].**

→ Mémo, p. 4

Je m'entraîne

10 **Dans quels mots entends-tu le son [u] ? Et le son [wa] ?**

une fois • il se couche • au loin • un roi • un bouchon
une pioche • vouloir • un lion • un mouchoir • un duo

11 **Cherche d'autres mots contenant le son [u] et le son [wa].**

+ d'exercices, cahier p. 7

Vocabulaire • L'alphabet

Alligator	Hibou	Ours	Vache
Biche	Iguane	Panda	Wapiti
Canard	Jaguar	Quetzal	Xérus
Dinde	Koala	Renard	Yack
Escargot	Loup	Singe	Zèbre
Fourmi	Mouche	Tortue	
Girafe	Nandou	Unau	

12 **Observe la première lettre de chaque nom d'animal. Comment ces noms sont-ils rangés ?**

13 **Écris chacune de ces lettres. Combien y en a-t-il ?**

14 **Dans ta liste, entoure les 6 voyelles. Comment appelle-t-on les autres lettres ?**

→ Mémo, p. 34

Je m'entraîne

15 **Cherche d'autres noms d'animaux qui commencent par l'une des 5 premières lettres de l'alphabet.**

16 **Dans ton prénom, combien y a-t-il de consonnes ? Et de voyelles ?**

+ d'exercices, cahier p. 8

Orthographe • Le son [ɔ̃] et le son [ɑ̃]

Quand Ysengrin annonce à son compère qu'il a dû abandonner le jambon, Renart pense à ses douze enfants qui l'attendent dans sa maison.

1 **Relève les mots où on entend le son [ɔ̃]. Écris les groupes de lettres qui produisent le son [ɔ̃].**

2 **Relève les mots où on entend le son [ɑ̃]. Écris les groupes de lettres qui produisent le son [ɑ̃].**

→ Mémo, p. 4

Je m'entraîne

3 **Dans quels mots entends-tu le son [ɔ̃] ? Et le son [ɑ̃] ?**

le vent • il danse • une montre • une année • personne
avant • un champion • une trompette • comment

4 **Cherche d'autres mots contenant le son [ɔ̃] et le son [ɑ̃].**

+ d'exercices, cahier p. 10

Grammaire • La phrase (2)

« Ah, mon pauvre Renart, te voilà ! Sais-tu ce qui m'est arrivé ? demande Ysengrin. J'ai croisé le seigneur de Haute-Cloche. Il a lâché ses chiens sur moi. En voilà un qui me mord la queue ! Que faire ? J'abandonne le jambon. »

5 **Combien y a-t-il de phrases dans ce texte ? Combien y a-t-il de lignes ?**

6 **Par quel point chaque phrase se termine-t-elle ?**

7 **Sais-tu comment on appelle ces différentes sortes de phrases ?**

8 **Recopie une phrase exclamative, une phrase interrogative et une phrase déclarative.**

→ Mémo, p. 16

Je m'entraîne

9 **Compte le nombre de lignes et le nombre de phrases dans ce texte.**

Ce matin-là, le seigneur de Haute-Cloche décida d'aller chasser.
Il détacha ses chiens et monta sur son cheval préféré. Il voulait
prendre un sanglier ou une biche. Il souffla dans sa trompe et partit.

+ d'exercices, cahier p. 11

Orthographe • Le son [e] et le son [ɛ] (1)

Compère Renart n'est pas bête.
Il est même très rusé. Il perce un trou dans le toit de la chaumière. Le jambon est pendu à une ficelle. Il le détache et s'enfuit.

10 **Relève les mots où on entend le son [e] ou le son [ɛ].**

11 **Écris les groupes de lettres qui produisent le son [e] ou le son [ɛ].**

→ Mémo, p. 5

Je m'entraîne

12 **Dans quels mots entends-tu le son [e] ou le son [ɛ] ?**

une idée • elle est • la colère • une fête • la terre
mon frère • un petit • la mer • une casserole

13 **Cherche d'autres mots contenant le son [e] ou le son [ɛ].**

+ d'exercices, cahier p. 12

L'ATELIER des mots • Les mots de la même famille (1)

Ysengrin est affamé. Il rencontre Renart qui a faim lui aussi.
Les deux compères cherchent à se nourrir facilement.
Ils rencontrent un marchand avec un jambon.
« Voilà une nourriture facile à dérober ! » s'écrie le renard.
Il pense à sa renarde et à ses renardeaux qui vont pouvoir manger. La famine est terminée !

14 **Lis le texte et observe les mots soulignés.**

15 **Trouve les mots de la même famille.**

a. un renard b. facilement c. la faim

→ Mémo, p. 34

Je manipule

16 **Recopie ensemble les mots de la même famille.**

fermer • une louve • des louveteaux
la fermeture • refermer • un loup

+ d'exercices, cahier p. 13

pages 10 et 11

Orthographe • Le son [e] et le son [ɛ] (2)

« Moi aussi, j'ai faim, dit Renart.
Mais, chez notre seigneur, je connais un endroit avec des caves pleines de poulets et de bonnes choses à manger. Voulez-vous y aller ? »

1 **Indique les mots où on entend le son [e] ou le son [ɛ].**

2 **Écris les groupes de lettres qui produisent le son [e] ou le son [ɛ].**

→ Mémo, p. 5

Je m'entraîne

3 **Dans quels mots entends-tu le son [e] ? Et le son [ɛ] ?**

manger • vous venez • du lait • seize • la main
la paille • chez • un jouet • une baleine • la faim • un papier

+ d'exercices, cahier p. 15

Grammaire • Le nom / Le verbe (1)

a.

Le mot porte dans la porte est un nom.

1. Renart ouvre **la porte**.
2. **Il porte** un jambon.

b.

Le mot porte dans il porte est un verbe.

4 **Associe chaque phrase au dessin qui convient.**

5 **Que veut dire le mot porte dans chaque phrase ?**

→ Mémo, p. 16

Je m'entraîne

6 **Quand le mot porte est un nom, quel mot est placé juste avant lui ?**

7 **Quand le mot porte est un verbe, quel mot est placé juste avant lui ?**

+ d'exercices, cahier p. 16

Orthographe • Le son [ə] et le e muet

La porte de la cave est étroite, mais le passage est encore plus **étroit**. Le goupil, plus menu, traverse la muraille, mais son compère ne peut passer à **travers**. Renart n'**attend** pas Ysengrin. Pourtant, le loup aimerait bien qu'il l'attende.

8 **Relève les mots où on entend le son [ə]. Comment s'écrit ce son ?**

9 **Lis les mots en gras. Compare-les avec les mots soulignés. Que constates-tu ?**

10 **Quel rôle joue la lettre e quand on la met après une consonne à la fin d'un mot ?**

→ Mémo, p. 5

Je m'entraîne

11 **Lis les mots et indique ceux qui contiennent le son [ə].**

un demi • un dessin • le miel • un genou • un repas • un cheval
du caramel • dessus • devant • la gelée • du gel • en retard • mercredi

12 **Lis les mots, puis écris-les en ajoutant un e à la fin. Lis ces nouveaux mots.**

froid • marchand • marin • chaud • suit • gris

+ d'exercices, cahier p. 17

L'ATELIER des mots • Les mots de la même famille (2)

Le goupil va chercher à manger pour ses renardeaux. Avec le loup, il entre dans le château par un passage au pied de la muraille. Ils se jettent sur la nourriture mais, soudain, on entend des hurlements : « Au loup ! Au loup ! »

13 **Lis le texte et observe les mots soulignés.**

14 **Trouve le mot de base correspondant à chaque mot souligné.**

→ Mémo, p. 34

Je manipule

15 **Trouve des mots de la même famille que le mot de base.**

a. la dent → ~ / ~ / ~
b. le chant → ~ / ~ / ~
c. la colle → ~ / ~ / ~
d. du lait → ~ / ~ / ~

+ d'exercices, cahier p. 18

D'autres œuvres **à découvrir**

Le Roman de Renart

Manuscrit du 13e siècle.

Grégoire : petit paysan du Moyen Âge,
Charles de La Roncière et Paul François,
illustrations Bénédicte de La Roncière,
© Flammarion, 1959 ; collection "Les enfants de la Terre".

Ce livre t'invite à suivre la vie quotidienne de Grégoire, petit garçon vivant au Moyen Âge.
Tu vas faire la connaissance de ses amis et de sa famille.

unité 2

La vie au temps des châteaux forts

Un documentaire sur la vie des seigneurs et des paysans au Moyen Âge

Nathan

Dans le château du seigneur

Le seigneur de la région est riche. Il vit avec toute sa famille dans son château fort. Il est entouré de nombreux serviteurs et protégé par une troupe de soldats.

Château de Bonaguil, construit entre le 15e et le 16e siècle

Lorsqu'un banquet* est organisé, les dames revêtent des robes colorées bordées de fourrure. Des serviteurs apportent une nourriture très poivrée et épicée. Comme il n'y a ni assiette ni fourchette, les convives* mangent directement sur des tranches de pain. Pendant le repas, des ménestrels chantent des chansons et racontent des histoires.

La Dame à la licorne, tapisserie du 15e siècle (détail)

Dans la chaumière du paysan

Dans la campagne autour du château se trouvent des chaumières. Ce sont des maisons basses, construites en bois et en terre séchée recouvertes de chaume.

La maison est partagée en deux : d'un côté les animaux, de l'autre les paysans. Le sol est en terre battue. Toute la famille mange et dort dans la même pièce. Les paysans fabriquent eux-mêmes leurs vêtements : une tunique* en toile grossière et une longue culotte.

À leurs pieds, les paysans portent des sabots de bois ou des chausses fabriquées à partir de bandes de peaux.

Enluminure d'un manuscrit du 15e siècle

Une vie de misère

Le travail de la terre est très difficile. Comme elle appartient au seigneur, les paysans doivent lui donner une partie de ce qu'ils ont cultivé.

L'hiver, quand les récoltes ont été mauvaises, la famine* peut survenir : les paysans se nourrissent alors de soupes composées de racines, de glands ou d'herbes.

Seul le seigneur a le droit de chasser. Les paysans braconnent : ils posent des pièges pour attraper des lapins ou des oiseaux. S'ils se font prendre, ils peuvent être très sévèrement punis.

Une vie pleine d'action

Le seigneur organise des tournois
pour que les chevaliers puissent s'entraîner.
Ils portent tous une armure en métal.
Le combat préféré est la joute.
Dressés sur leurs chevaux lancés au galop,
les combattants s'affrontent.
Le gagnant est celui qui fera chuter
son adversaire avec sa lance.
Les combats sont rudes.
Certains chevaliers sont blessés
et peuvent même perdre la vie.
Le gagnant du tournoi est acclamé*
pour son adresse et son courage.

Sur le bouclier
de chaque chevalier
est dessiné le blason*
de sa famille.

À l'attaque

Un garde fait le guet en haut du donjon. Quand il aperçoit une armée ennemie, il donne l'alarme. Les paysans se réfugient à l'intérieur du château puis les soldats ferment le pont-levis. Les assaillants* utilisent une machine qui lance de lourds rochers vers les murailles. Des guerriers essaient d'enfoncer une porte à l'aide d'un bélier. D'autres montent à l'assaut des remparts par des échelles. Les défenseurs empêchent les assaillants d'approcher.

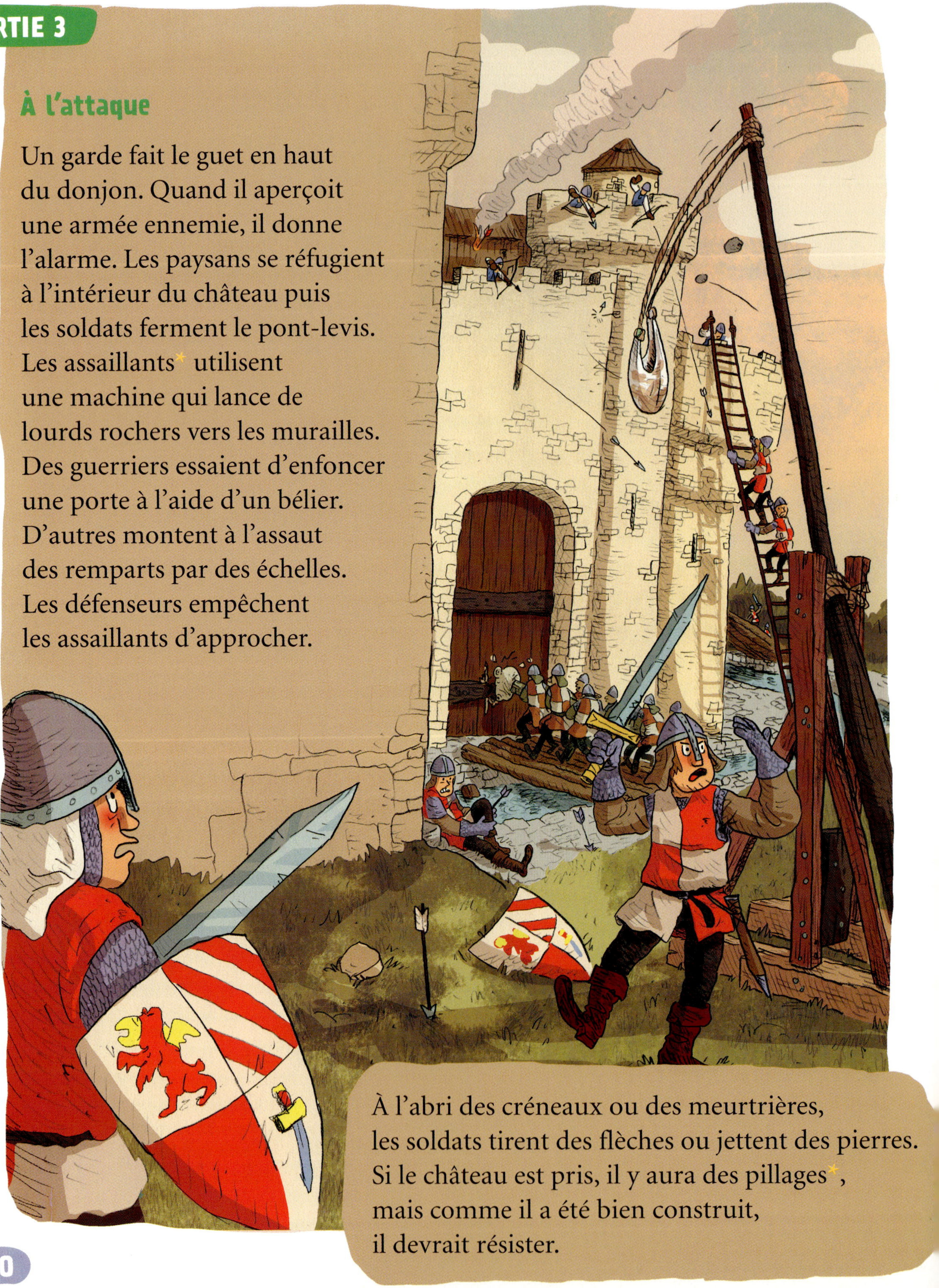

À l'abri des créneaux ou des meurtrières, les soldats tirent des flèches ou jettent des pierres. Si le château est pris, il y aura des pillages*, mais comme il a été bien construit, il devrait résister.

Guédelon, la grande aventure des bâtisseurs

Des artisans se sont installés dans un lieu sauvage entouré d'arbres pour construire un château fort comme on le faisait au Moyen Âge.
Cette aventure, commencée en 1997, durera au moins jusqu'en 2020.

Les bûcherons abattent les chênes de la forêt.

Les charpentiers coupent les pièces de bois pour réaliser des échafaudages* ou assembler les charpentes des toits.

Les carriers préparent les blocs de pierre destinés à la construction.

Les charretiers transportent le bois et la pierre jusqu'au château.

Le forgeron fabrique toutes les pièces de fer du château ainsi que les outils des œuvriers.

Si tu viens à Guédelon, tu y découvriras bien d'autres métiers d'autrefois : les cordiers, les tuiliers ou encore les vanniers.

Le château de Guédelon
89520 TREIGNY-FRANCE
www.guedelon.fr

Je comprends la partie

1 Réponds aux questions sur la partie 1.

a. Où vit le seigneur ?
b. Que font le seigneur et sa famille pendant le banquet ?
c. Qui sont les ménestrels ? Pourquoi participent-ils au banquet ?
d. Où les chaumières des paysans sont-elles situées ?
e. Ces maisons sont-elles confortables ? Si non, pourquoi ?

J'apprends des mots nouveaux

2 Complète ces phrases avec les mots suivants :

chaume • séchée • battue

a. Chez les paysans, les chaumières ont des murs en terre ~ .
b. Le sol de la chaumière est en terre ~ .
c. Le toit de la chaumière est recouvert de ~ .

Je lis à voix haute

3 Lis ce texte avec le ton qui convient.

Pendant le banquet, les serviteurs amènent
une nourriture très poivrée et épicée.
Comme il n'y a ni assiette ni fourchette,
les convives mangent directement
sur des tranches de pain.

Je me souviens de la partie

4 **Lis les mots suivants. Concernent-ils le seigneur ou la paysanne ? Explique pourquoi.**

a. une chaumière
b. un banquet
c. les sabots
d. la terre battue
e. de la fourrure
f. des chausses
g. les jongleurs
h. des serviteurs

5 **À quel endroit du texte pourrais-tu ajouter ces nouvelles phrases ?**

a. Des musiciens et des jongleurs accompagnent souvent les ménestrels.

b. En hiver, les paysans portent un chaperon qui protège la tête et les épaules du froid ou de la pluie.

J'écris une phrase

6 **Où vivent les paysans ?**
Utilise des mots de cette liste pour écrire la réponse.

la campagne • une chaumière • une pièce

+ d'exercices, cahier p. 19

pages 28 et 29

Je comprends la partie

1 Réponds aux questions sur la partie 2.

a. Quel est le travail des paysans ? Pourquoi donnent-ils une partie de leur récolte au seigneur ?
b. Que mangent-ils en temps de famine ?
c. Quelle compétition le seigneur organise-t-il ? Qui y participe ?
d. Que faut-il faire pour gagner cette compétition ?
e. Quelles qualités le gagnant doit-il avoir ?

J'apprends des mots nouveaux

2 Complète chaque phrase avec les noms suivants :

joute • blason • adversaire

a. Le public reconnaît le chevalier grâce au ~ de son bouclier.
b. Pendant la ~, son ~ se montre moins courageux que lui.

3 Explique ces phrases avec tes propres mots.

a. Le paysan braconne.
b. Le seigneur acclame le vainqueur.
c. Le chevalier lance son cheval au galop.

4 Observe cette illustration, puis associe les noms à la partie du dessin qui convient.

L'équipement du chevalier

a. le destrier
b. le heaume
c. le bouclier
d. les chausses
e. les éperons
f. la lance
g. le gantelet
h. la cotte de mailles

Je me souviens de la partie

5 VRAI ou FAUX ?

a. Les paysans donnent une partie de leur récolte au seigneur.
b. En temps de famine, les paysans préparent des soupes de racines.
c. Les paysans ont le droit de chasser sur les terres du seigneur.
d. Pour s'amuser, les paysans participent à des joutes.
e. Le chevalier doit faire tomber le seigneur de son cheval.
f. Pour gagner un combat, il faut être adroit et courageux.

6 À quels paragraphes de la partie 2 correspondent les titres suivants ?

a. Des paysans affamés
b. Chasse et braconnage
c. Des chevaliers équipés pour le combat
d. Gagner ou perdre

J'écris un petit texte

7 Le seigneur a organisé un tournoi.
Le jeune chevalier Lubin s'apprête à y participer.
Imagine et décris ce chevalier.

Pour t'aider, réponds à ces questions.

a. Que porte le chevalier sur lui ?
b. Avec quelle arme va-t-il combattre ?
c. Quelles sont ses qualités ? Est-il rapide, courageux…?
d. Comment va-t-il gagner son combat ?

- **Tu peux commencer ainsi :**

Lubin va bientôt lancer son cheval au galop.
Il porte…

Des mots pour t'aider

Noms	Verbes	Adjectifs		Autres mots
un heaume des éperons une lance une allure	avoir porter habiller posséder	grand adroit rusé	magnifique argenté	très vraiment

+ d'exercices, cahier p. 24

pages 30 et 31

Je comprends la partie

1 Réponds aux questions sur la partie 3.

a. À quel moment les paysans peuvent-ils se réfugier dans la cour du château ?

b. Comment les ennemis attaquent-ils le château ?

c. Que font les soldats pour défendre le château ?

Je comprends le document

d. Que découvre-t-on en allant à Guédelon ?

e. Quels métiers d'autrefois exerce-t-on à Guédelon ?

f. Comment pourrais-tu obtenir plus d'informations sur cet endroit ?

J'apprends des mots nouveaux

2 Explique les phrases avec tes propres mots.

a. Le garde fait le guet en haut du donjon.

b. Les ennemis montent à l'assaut des remparts du château.

Je me souviens de tout le documentaire

3 Réponds aux questions sur l'ensemble du documentaire.

a. Qui vit au château ?

b. Qui vit dans la campagne alentour ?

c. Où peux-tu te rendre si tu veux découvrir un chantier médiéval ? Qu'y verras-tu ?

4 Précise de qui il s'agit.

a. **Il** participe à des joutes.

b. **Il** braconne.

c. **Il** fait le guet en haut du donjon.

d. **Il** chante des chansons et raconte des histoires.

5 Discute avec tes camarades.

Compare la journée d'un paysan et celle d'un seigneur. Qui a la vie la plus difficile ? Qui préférerais-tu être ? Explique pourquoi.

+ d'exercices, cahier p. 29

Petit dictionnaire du documentaire

acclamer verbe. Saluer par des cris et des applaudissements. *La foule acclame le champion quand il reçoit sa médaille.*

assaillant nom masculin. Personne qui attaque. *Les assaillants lèvent leurs épées et montent à l'attaque.*

banquet nom masculin. Repas de fête rassemblant de nombreuses personnes. *Pour les 100 ans de ma grand-mère, on organise un banquet avec toute la famille.*

blason nom masculin. Dessin qui représente une famille. *Le blason était dessiné sur le drapeau du seigneur : un lion jaune sur fond rouge.*

convive nom masculin. Personne invitée à un repas. *Les convives étaient tous assemblés à table, occupés à manger.*

échafaudage nom masculin. Construction provisoire faite de planches et de tubes. *L'ouvrier a installé son échafaudage pour repeindre la maison.*

famine nom féminin. Période où les gens n'ont plus rien à manger. *La famine s'est installée dans la région et des gens meurent de faim.*

pillage nom masculin. Action consistant à voler et à détruire. *Après le pillage, il ne restait plus rien dans la maison dévastée.*

tunique nom féminin. Longue chemise qui descend jusqu'au genou. *Marie porte une tunique rose et un pantalon.*

J'utilise le petit dictionnaire

6 Quels mots du petit dictionnaire correspondent à ces illustrations ?

a. 

b. 

c. 

7 Combien y a-t-il d'articles dans le petit dictionnaire ?

8 Y a-t-il plus de verbes ou de noms ? Comment le sais-tu ?

9 Indique entre quels articles du petit dictionnaire doivent être classés les mots suivants.

donjon • hiver • ouvrier

pages 26 et 27

Orthographe • Le son [ø] ou le son [œ]

Un vieux seigneur et une jeune femme déjeunent près du feu. Deux serviteurs apportent du bœuf rôti. Tout à l'heure, des jongleurs viendront leur montrer leurs tours.

1 Repère les mots où on entend le son [ø] ou le son [œ].

2 Écris les groupes de lettres qui produisent le son [ø] ou le son [œ].

→ Mémo, p. 6

Je m'entraîne

3 Lis les mots et repère ceux qui contiennent le son [ø] ou le son [œ]. Classe-les selon la manière dont s'écrit le son.

un peu • neuf • il peut • elle est perdue • un œuf • des bœufs
des jeux • un feutre • il est cruel • il pleut • un serviteur • heureux

+ d'exercices, cahier p. 20

Grammaire • Le nom / Le verbe (2)

a. Le serviteur attend devant **une porte**.
b. Le serviteur attend devant **un cheval**.
c. Le serviteur attend devant **un seigneur**.

d. **Il porte** un rôti.
e. **Il mange** un rôti.
f. **Il donne** un rôti.

4 Lis la phrase a. Le mot porte dans une porte est-il un nom ou un verbe ?

5 Les mots soulignés dans les phrases b et c sont-ils des noms ou des verbes ?

6 Lis la phrase d. Le mot porte dans il porte est-il un nom ou un verbe ?

7 Les mots soulignés dans les phrases e et f sont-ils des noms ou des verbes ?

→ Mémo, p. 17

Je m'entraîne

8 Trouve d'autres noms pour compléter la phrase.

Le serviteur attend devant ~ .

+ d'exercices, cahier p. 21

9 Trouve d'autres verbes pour compléter la phrase.

Le serviteur ~ un rôti.

Orthographe • Le son [ɛ̃]

Demain, c'est la fête. On cuisinera du lapin pour les voisins et les cousins. Il y aura du pain pour chacun. On finira par du raisin. Plus personne n'aura faim. Les invités repartiront le ventre plein.

A Repas de noces paysannes, Bruegel l'Ancien, 16e siècle.

10 **Repère les mots où on entend le son [ɛ̃].**

11 **Relève les groupes de lettres qui produisent le son [ɛ̃].**

→ Mémo, p. 6

Je m'entraîne

12 **Lis les mots et repère ceux qui contiennent le son [ɛ̃].**

la fin • un sapin • demain • des freins • ils dînent • un pinceau
ce matin • une centaine • une peinture • aucun • des racines

+ d'exercices, cahier p. 22

Vocabulaire • L'ordre alphabétique (1)

animal	directement	grand	long	ta
banquet	entourer	grossier	maison	toit
château	famille	il	misère	tout
dans	fort	jamais	mordre	troupe

13 **Voici des mots du documentaire présentés en colonne. Comment ont-ils été classés ?**

14 **À la fin de quelle colonne mettrais-tu ces mots ?**

jongleur • garde • organiser • vivre • dent

→ Mémo, p. 35

Je m'entraîne

15 **Classe ces séries de mots dans l'ordre alphabétique.**

chat	frite	magicien	trousse
biche	haricot	ogre	stylo
âne	gigot	lutin	règle

+ d'exercices, cahier p. 23

Orthographe • Le son [j] (1)

Dès leur réveil, les adultes travaillent. Le père va essayer de piéger des écureuils. La mère va nettoyer la pièce. Les enfants qui ont encore sommeil dorment sur la paille.

1 **Repère les mots où on entend le son [j].**

2 **Relève la lettre ou le groupe de lettres qui produisent le son [j].**

→ Mémo, p. 6

Je m'entraîne

3 **Lis les mots et classe-les selon la manière dont s'écrit le son [j].**

une fille • un conseil • ailleurs • une chenille • une ville • un caillou • un panier • un rayon • la bataille • un chevreuil • une abeille • une grenouille

+ d'exercices, cahier p. 25

Grammaire • Le nom / Le verbe (3)

a. Le seigneur organise [~] chasse pour ses invités.
b. Voilà le paysan. [~] chasse avec des pièges.
c. Parfois, le paysan attrape [~] lapin.
d. La femme du seigneur organise [~] fête au château. [~] fête son anniversaire.

4 **Complète les phrases avec un – une – il – elle.**

5 **Classe les mots soulignés en deux catégories : les noms et les verbes.**

6 **Quels mots as-tu placés devant les noms ? Et devant les verbes ?**

→ Mémo, p. 17

Je m'entraîne

7 **Cherche dans les phrases d'autres noms qui peuvent aller avec un ou une.**

8 **Cherche dans les phrases d'autres verbes qui peuvent aller avec il ou elle.**

+ d'exercices, cahier p. 26

Orthographe • Le son [j] (2)

Ce chevalier noir et rouge vient d'un pays lointain. Il porte une lance pointue et un dragon est peint sur son bouclier. Le combat est violent. Quel champion !

Scène de tournoi, 13e siècle.

9 **Parmi les mots où on voit la lettre i, quels sont ceux où on entend le son [j] ?**

10 **Dans les autres mots, quels sons produit la lettre i seule ou avec d'autres lettres ?**

→ Mémo, p. 7

Je m'entraîne

11 **Lis ces mots. Classe-les en deux catégories : j'entends [j], je n'entends pas [j].**

un point • un pion • un camion • un besoin • une mission

12 **Même exercice.**

le mien • il éteint • ancien • les reins • rien • bientôt • il atteint • une peinture

+ d'exercices, cahier p. 27

L'ATELIER des mots • Les mots composés

Le seigneur habite dans son château avec sa famille. Les grands-parents, les parents et les enfants vivent tous dans le donjon. Il y a un garde-manger pour les réserves de nourriture. Le château est protégé par le pont-levis. Les gardes font le tour des remparts toutes les demi-heures.

13 **Observe les mots soulignés dans le texte. Comment sont-ils formés ?**

14 **Forme le plus de mots composés en prenant un mot de la liste bleue et un mot de la liste rouge.**

demi • grand • garde

mère • tour • sœur • manger • parent • robe

→ Mémo, p. 35

Je manipule

15 **Assemble deux mots de chaque liste pour construire un mot composé.**

Liste A : mots placés avant le trait d'union

pare • lave • casse • petit • chien • porte

Liste B : mots placés après le trait d'union

brise • croûte • loup • vaisselle • fils • monnaie

+ d'exercices, cahier p. 28

Orthographe • Le son [b] et le son [p]

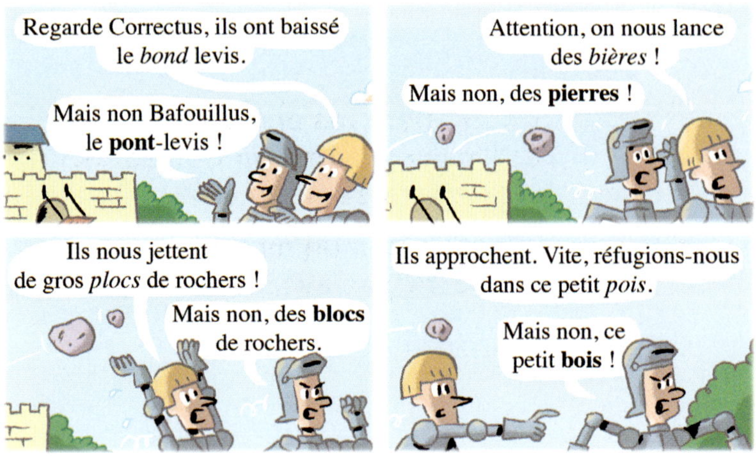

1 Repère les erreurs de Bafouillus et les corrections de Correctus. Quels sons se ressemblent ?

2 Cherche un mot où le son [p] ne s'écrit pas avec la seule lettre p.

→ Mémo, p. 7

Je m'entraîne

3 Lis les mots et classe-les selon qu'ils contiennent le son [b] ou le son [p]. Attention à l'intrus !

il est pâle • la balle • le pain • le bain • un pou • la boue • des parcs • des barques • la peur • un coup • le beurre • du blanc

+ d'exercices, cahier p. 30

Grammaire • Le nom / Le verbe (4)

Maison du NOM : une porte

un donjon | une tour | elle ouvre | son armée | il garde | le garde | ton ennemi | elles attaquent | ils défendent | on s'approche | je m'éloigne

Maison du VERBE : il porte

4 Classe chaque étiquette dans la maison qui convient.

5 Observe les mots qui sont devant les noms. Fais-en la liste.

6 Observe les mots qui sont devant les verbes. Fais-en la liste.

→ Mémo, p. 17

Je m'entraîne

7 Trouve des petits mots qu'on peut mettre devant le nom : ~ château.

8 Trouve des petits mots qu'on peut mettre devant le verbe : ~ tire.

+ d'exercices, cahier p. 31

Orthographe • Le son [d] et le son [t]

9 Repère les erreurs de Bafouillus et les corrections de Correctus. Quels sons se ressemblent ?

10 Cherche un mot où le son [t] ne s'écrit pas avec la seule lettre **t**.

→ Mémo, p. 7

Je m'entraîne

11 Lis les mots et classe-les selon qu'ils contiennent le son [d] ou le son [t].

du thé • un dé • un ton • un don • toute • elle doute • vite •
il est mort • il mord • c'est vide • trois • droit • un coude • il coûte

+ d'exercices, cahier p. 32

L'ATELIER des mots • Les noms de métiers

Pour construire un château, il faut des tailleurs de pierre, des maçons, des charpentiers, des forgerons, des tuiliers. Quand le château est construit, des tapissiers, des potiers et des cuisiniers y travaillent. Des chanteurs et d'autres artistes viennent distraire le seigneur.

12 Observe les noms soulignés dans le texte. Que désignent-ils ?

13 Trouve le mot de base comme dans l'exemple.

un potier → un pot

un chanteur • un charpentier
un tuilier • un tapissier
un artiste • un cuisinier

• **Qu'a-t-on ajouté au mot de base ?**

→ Mémo, p. 35

Je manipule

14 Trouve des noms de métiers en ajoutant iste, eur ou ier.

une cascade • jongler • une serrure • le lait •
poste • une ferme • une fleur

+ d'exercices, cahier p. 33

J'ai vu le loup, le renard, la belette

J'ai vu le loup, le renard, la belette
J'ai vu le loup, le renard cheuler*
C'est moi-même qui les ai rebeuillés*
J'ai vu le loup, le renard, la belette
C'est moi-même qui les ai rebeuillés
J'ai vu le loup, le renard cheuler

J'ai ouï* le loup, le renard, la belette
J'ai ouï le loup, le renard chanter
C'est moi-même qui les ai rechignés*

J'ai ouï le loup, le renard, la belette
C'est moi-même qui les ai rechignés
J'ai ouï le loup, le renard chanter

J'ai vu le loup, le renard, la belette
J'ai vu le loup, le renard danser
C'est moi-même qui les ai revirés*
J'ai vu le loup, le renard, la belette
C'est moi-même qui les ai revirés
J'ai vu le loup, le renard danser

Chanson populaire du Moyen Âge.

* **cheuler :** boire
rebeuillés : observer
ouï : entendu
rechignés : se moquer
revirés : faire danser

Trésors du Moyen Âge,
Caroline Desnoëttes,
© éditions de la RMN-Grand Palais.

Ce livre est un peu comme un musée… du Moyen Âge. En tournant les pages, tu découvriras cette fabuleuse époque à travers des œuvres d'art.

S.O.S. dauphins

Une histoire écrite par Laurence Gillot
et illustrée par Corinne Baret-Idatte

Nathan

ÉPISODE 1

– On nage côte à côte, me dit papa en ajustant son masque. Et quand je te fais signe, on plonge ! O.K. ?
Je marmonne* dans mon tuba :
– D'acccoooord !
Et nous voilà partis...
Comme l'eau est claire et bleue !
Des poissons multicolores passent en dessous de nous.
C'est merveilleux !

Soudain, je sens une petite tape sur ma cuisse. C'est le signal de papa ! Je respire profondément et je pique la tête la première vers le fond, un peu comme un canard.
Oh, il y a une étoile de mer posée sur le sable !
Papa la prend délicatement. Elle est belle !
Mais tout à coup, il me saisit fermement le bras en pointant du doigt...

… un dauphin !
L'animal se dirige vers nous. Il est gigantesque !
Vite, papa m'entraîne vers la surface.

Au moment où nos deux têtes sortent hors
de l'eau, nous entendons des petits cris stridents* !
C'est lui ! Il est là, à deux mètres de nous.
Sa tête est impressionnante. Ses dents sont
très pointues. J'ai peur.

Papa non plus n'a pas l'air rassuré :
– Normalement, le dauphin
n'attaque pas l'homme,
bredouille*-t-il en retirant son tuba.
Mais mieux vaut être prudent !
Rejoignons la plage !

En nageant, je regarde derrière moi : le dauphin nous suit ! Et s'il me mordait les jambes ? À cette idée, je panique, je fais n'importe quoi avec mes palmes.
– J'ai pied ! s'exclame enfin papa.
Je m'accroche à son cou, tout essoufflé, lorsque, brusquement, la bête se dresse hors de l'eau et se remet à crier en balançant sa tête d'avant en arrière.

– On dirait qu'il veut nous dire quelque chose, murmure papa.
Et soudain, je comprends :
– Il veut qu'on le suive !

Sans réfléchir, je saisis la nageoire du dauphin.

– Pablo ! crie papa. Pablooo ! Lâche-le !
Mais c'est trop tard... Le dauphin file. Il semble savoir exactement où il va.

Il longe* la côte. Nous fendons les vagues à toute allure ! Mon visage est tout éclaboussé, j'ai envie de rire.

Papa a rejoint le bord et il court comme un fou, les bras en l'air.
Pendant ce temps, mon guide me conduit dans une crique* déserte.
Soudain, il s'immobilise devant un petit dauphin échoué entre deux rochers !
C'est son bébé !
Je m'approche.
Un morceau de métal rouillé est coincé entre ses mâchoires et lui blesse le palais.

J'avale ma salive. Je sens des petites larmes qui me piquent les yeux. Heureusement, papa arrive.
– Pablo ! Ça va ? me demande-t-il inquiet.
– Moi oui, mais pas lui ! dis-je en montrant du doigt le petit dauphin.
– Avec cette cochonnerie dans la bouche, il ne peut plus s'alimenter, remarque aussitôt papa.
En quelques secondes, papa réussit à dégager la ferraille.

Papa m'explique :
– Allez, on va le sortir de là ! Prends la tête, je m'occupe de la queue.
Je glisse mes bras autour du cou du bébé dauphin en lui chuchotant :
– Ne t'en fais pas, coco !
Il ouvre les yeux ! Je lui souris et je continue de lui parler :
– T'es courageux, t'es fort, t'es grand...

Papa me demande :
– Tu es prêt ? À trois, on le fait glisser ! Un, deux...

Notre protégé est lourd mais nous réussissons à le pousser dans l'eau.

Tout de suite, la maman dauphin s'approche de lui et frotte sa tête contre la sienne. Mais le bébé est inerte*. Elle le caresse comme ça pendant plusieurs minutes et, doucement, le petit se met enfin à bouger.
Sauvé, il est sauvé !
Comme je suis heureux et fier !

– Bon ! dit papa ému.
Je crois qu'ils n'ont plus besoin de nous !

Papa et moi, nous nageons côte à côte quand, tout à coup, nos deux amis surgissent devant nous et font un bond prodigieux*.
Splash !
Puis ils filent vers le large*.

pages 46 et 47

Je comprends l'épisode

1 Réponds aux questions sur l'épisode 1.

a. Où se passe cette histoire ?
b. Qui sont les personnages de ce récit ?
Lequel raconte l'histoire ?
c. Pourquoi le père fait-il un signal à son fils ?
d. Quel animal rencontrent-ils ? Comment réagissent-ils ?
Décris-le à l'aide des mots du texte et de l'illustration.
e. Et toi, as-tu déjà observé des animaux marins ?
Où ? Comment étaient-ils ?

J'apprends des mots nouveaux

2 Explique ces phrases avec tes propres mots.

a. Je pique la tête la première vers le fond.
b. Papa bredouille.
c. Papa m'entraîne vers la surface.

3 Comment s'appellent ces objets utilisés pour la plongée sous-marine.

a. Quels sont ceux que tu retrouves dans le texte de l'épisode 1 ?
b. Quels sont ceux que tu aperçois sur l'illustration des pages 46 et 47 ?

Je lis à voix haute

4 Lis ces phrases à voix haute avec le ton qui convient.

Mais tout à coup, papa me saisit fermement le bras en pointant du doigt… un dauphin !

L'animal se dirige vers nous. Il est gigantesque !
Vite, papa m'entraîne vers la surface.

Je me souviens de l'épisode

5 Remets les évènements de l'histoire dans l'ordre qui convient.

a. Soudain, ils voient un dauphin qui se dirige vers eux.
b. Un petit garçon et son père font de la plongée.
c. Un peu effrayés, le père et l'enfant décident de regagner la plage.

6 À quel moment de l'épisode 1 pourrais-tu ajouter cette nouvelle image ?

7 Lis ces phrases. Retrouve, dans le texte de l'épisode 1, les mots ou groupes de mots qui ont le même sens que les mots en orange.

a. Le dauphin est **énorme**.
b. Pablo voit des **poissons de toutes les couleurs**.
c. Papa saisit l'étoile de mer **très doucement**.
d. Le dauphin pousse des **petits cris aigus**.
e. Papa **aussi a l'air inquiet**.

J'écris une phrase

8 Écris une ou deux phrases pour décrire le dauphin que rencontrent Pablo et son père. Utilise des mots de cette liste pour t'aider.

des cris • des dents • une tête • pointues • stridents
gigantesque • impressionnante • petits

Pablo et son père font de la plongée avec leur masque et leur tuba. Soudain…

+ d'exercices, cahier p. 34

Je comprends l'épisode

1 Réponds aux questions sur l'épisode 2.

a. Pourquoi le dauphin entraîne-t-il Pablo ?
b. À quel endroit arrivent-ils ?
c. Pourquoi le petit garçon pleure-t-il ?
d. À ton avis, d'où provient le morceau de métal que le petit dauphin a dans la bouche ?

J'apprends des mots nouveaux

2 Explique les phrases avec tes propres mots.

a. Nous fendons les vagues à toute allure.
b. Un petit dauphin s'est échoué entre deux rochers.

3 Associe chaque début de phrase à la fin qui convient.

a. Le petit dauphin ne s'alimente plus
b. Pablo panique
c. La maman dauphin s'immobilise

1. devant son bébé échoué sur la plage.
2. à cause de la ferraille coincée.
3. car le dauphin le suit.

• **Invente de nouvelles phrases en utilisant les mots soulignés.**

4 Associe chaque nom à la partie du dessin qui correspond.

Les mots de la mer

a. un hippocampe
b. un oursin
c. une épave
d. des algues
e. une crevette
f. des moules
g. un filet de pêche
h. un crabe
i. une bouée
j. une anémone de mer
k. une méduse

Je me souviens de l'épisode

5 Lis le résumé de l'épisode 2 en le complétant.

Le [~] entraîne Pablo vers une [~] déserte.
Soudain, le garçon [~] un petit dauphin [~] sur le [~] .
Le pauvre ! Il a un morceau de [~] coincé entre ses [~] .
Heureusement, [~] arrive. Il réussit à enlever
la [~] de la bouche du petit dauphin.

6 Choisis le titre qui convient pour l'épisode 2.

a. L'attaque des dauphins
b. Un bébé dauphin en danger
c. Un petit garçon en danger

J'écris un petit texte

7 Imagine le dernier épisode de *S.O.S. dauphins*. Pour t'aider, réponds à ces questions.

a. Que vont faire Pablo et son papa ?
b. Que va devenir le bébé dauphin ?
c. Comment la maman dauphin va-t-elle réagir ?
d. Comment l'histoire va-t-elle se terminer ?

• **Tu peux commencer ton texte ainsi :**

Pablo et son papa…

Des mots pour t'aider

Noms	Verbes		Adjectifs	Autres mots
l'océan un pompier un vétérinaire un plongeur	attraper porter appeler rejoindre	aider transporter pousser soigner	lourd difficile triste sauvé	ensuite heureusement mais enfin

+ d'exercices, cahier p. 39

pages 50 et 51

Je comprends l'épisode

1 Réponds aux questions sur l'épisode 3.

a. Que font le jeune garçon et son père avec le petit dauphin ?
b. Quelle est l'attitude de la maman dauphin ?
c. À quel moment est-on certain que le petit dauphin est sauvé ?
d. Que ressentent Pablo et son père à la fin de l'histoire ?

J'apprends des mots nouveaux

2 Explique les phrases avec tes propres mots.

a. Notre protégé est lourd.
b. Les dauphins font un bond prodigieux.
c. Ils filent vers le large.

Je me souviens de toute l'histoire

3 Réponds aux questions sur l'ensemble de l'histoire.

a. Quelle rencontre inattendue Pablo et son père ont-ils faite ?
b. Qu'y a-t-il d'extraordinaire dans cette rencontre ?

4 VRAI ou FAUX ?

a. Pablo fait de la plongée quand, soudain, un requin s'approche de lui.
b. Le dauphin emmène Pablo jusqu'à son bébé.
c. Un morceau de métal est coincé sous la nageoire du petit dauphin.
d. La maman dauphin réussit à pousser son petit dans l'eau.
e. À la fin de l'histoire, Pablo et son père repartent vers le large.

5 Discute avec tes camarades.

As-tu déjà trouvé des déchets sur la plage ou dans la mer ?
Que peut-on faire dans ce cas ?

+ d'exercices, cahier p. 44

Petit dictionnaire de l'histoire

bredouiller verbe. Parler de manière peu claire en hésitant. *Tom a fait une bêtise. Il bredouille une excuse.*

crique nom féminin. Petite plage située entre des rochers. *Les marcheurs se sont arrêtés dans une petite crique pour se baigner.*

inerte adjectif. Inanimé. Qui ne réagit pas. *Le blessé inerte était étendu sur le sol.*

large (le) nom masculin. La haute mer, au loin, vers l'horizon. *Le bateau quitta le bord et partit droit vers le large.*

longer verbe. Se déplacer le long de quelque chose. *Le promeneur longe le bord de mer.*

marmonner verbe. Parler en ouvrant à peine la bouche. *Quand Papi marmonne dans sa barbe, on ne comprend rien.*

prodigieux adjectif. Fantastique, extraordinaire. *Le champion a fait un saut prodigieux : on aurait dit qu'il volait.*

strident adjectif. Aigu et fort. *Un bruit strident retentit : la sirène s'était mise à hurler.*

J'utilise le petit dictionnaire

6 **Quels mots du petit dictionnaire correspondent à ces illustrations ?**

a. 

b. 

c. 

7 **Réponds à ces questions en t'aidant des articles du petit dictionnaire.**

a. Combien y a-t-il d'articles dans ces deux pages de dictionnaire ?
b. Dit-on un crique ou une crique ? Pourquoi ?
c. Quels verbes sont des synonymes du verbe parler ?
d. Trouve deux adjectifs synonymes de prodigieux.

8 **Indique entre quels articles du petit dictionnaire doivent être classés les mots suivants.**

tuba • barboter • nager • rouillé

Orthographe • Le son [g] et le son [k]

1 Repère les erreurs de Bafouillus et les corrections de Correctus. Quels sons se ressemblent ?

2 Cherche un mot où le son [k] ne s'écrit pas avec la lettre c.

→ Mémo, p. 8

Je m'entraîne

3 Dans quels mots entends-tu le son [k] ? Et le son [g] ?

c'est gai • un quai • il écoute • il égoutte • une grotte • une crotte
quand • les gants • la classe • la glace • un groupe • une croupe

+ d'exercices, cahier p. 35

Grammaire • Le singulier et le pluriel des noms

Sous l'eau, on aperçoit soudain un **poisson**, deux **poissons**, trois **poissons**, des dizaines de **poissons** !
Sur un rocher, une petite bête marche avec une coquille sur le dos. On entend aussi le bruit des bateaux.

4 Observe les mots en gras. Quelle lettre apparaît souvent à la fin ? Explique pourquoi.

5 Trouve les autres noms au pluriel. Par quelle lettre se terminent-ils ?

6 Relève les noms au singulier.

→ Mémo, p. 18

Je m'entraîne

7 Reconstitue la seule phrase possible. Explique ta réponse.

un | des | a vu | poisson | dauphins. | Il | et

8 Relève les noms au pluriel.

nos palmes • ce dauphin • les plongeurs • le repos

+ d'exercices, cahier p. 36

Conjugaison • Passé, présent, futur (1)

a. Autrefois, Pablo était un bébé. Il ne savait pas nager.
b. Aujourd'hui, Pablo est un jeune garçon. Il sait nager et apprend à plonger.
c. Plus tard, Pablo sera adulte. Il nagera avec des bouteilles.

9 **Ces trois phrases se passent-elles toutes au même moment ?**

10 **Quelle est la phrase qui raconte ce qui se passe maintenant ? Ce qui se passait avant ? Ce qui se passera dans l'avenir ?**

11 **Quels mots en début de phrase indiquent le passé, le présent, le futur ?**

→ Mémo, p. 26

Je m'entraîne

12 **Indique si la phrase est au passé, au présent ou au futur.**

a. Demain, il retournera à la mer.
b. Hier, il n'était pas allé à la plage.
c. Maintenant, il nage près d'un dauphin.

13 **Choisis l'expression qui convient pour chaque phrase.**

a. Hier – En ce moment – Plus tard le dauphin était loin de la plage.
b. Autrefois – Maintenant – Demain le dauphin sera loin de la plage.
c. Il y a longtemps – Aujourd'hui – Bientôt le dauphin est près de la plage.

+ d'exercices, cahier p. 37

Vocabulaire • Les synonymes

Un animal énorme s'approche de nous.

Une bête gigantesque se dirige vers nous.

14 **Que peux-tu dire du sens de ces deux phrases ?**

15 **Dans ces phrases, plusieurs mots sont synonymes. Ils veulent dire à peu près la même chose. Quels sont ces mots ?**

→ Mémo, p. 36

Je m'entraîne

16 **Trouve des synonymes pour les mots suivants.**

marmonner • merveilleux • un signe • la peur • strident

17 **Dans cette phrase, quels mots peux-tu remplacer par des synonymes ?**

Papa attrape délicatement une étoile de mer.

+ d'exercices, cahier p. 38

Orthographe • Le son [ʃ] et le son [ʒ]

1 Repère les erreurs de Bafouillus et les corrections de Correctus. Quels sons se ressemblent ?

2 Cherche un mot où le son [ʒ] ne s'écrit pas avec la lettre g.

→ Mémo, p. 8

Je m'entraîne

3 Dans quels mots entends-tu le son [ʃ] ? Et le son [ʒ] ?

un choix • la joie • chaque fois • un cheveu • un chêne • ça gêne • il cache • une cage • jamais • il a jeté • une fiche • elle se fige

+ d'exercices, cahier p. 40

Grammaire • Noms masculins / Noms féminins

La **maman** est inquiète pour son bébé.
Le **papa** est inquiet pour son fils.

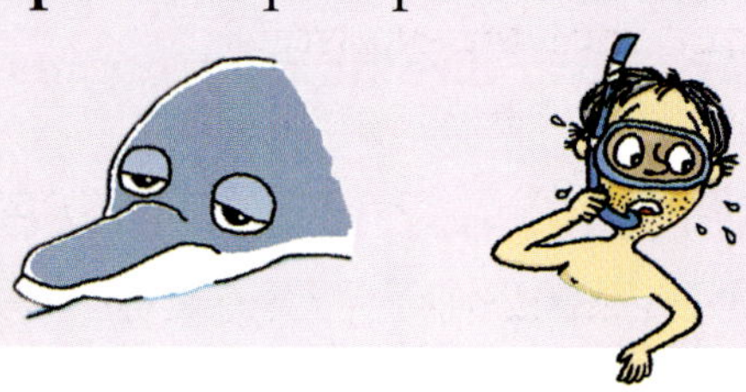

4 Quel mot en gras désigne un personnage masculin ? Lequel désigne un personnage féminin ?

5 Quel petit mot est devant le nom masculin ? Et devant le nom féminin ?

6 Recherche pages 48-49 d'autres noms féminins et d'autres noms masculins.

→ Mémo, p. 18

Je m'entraîne

7 Reconstitue la seule phrase possible. Repère les mots féminins et masculins.

un | une | possède | queue | aileron. | dauphin | Le | et

8 Classe ces noms en deux listes : féminin ou masculin.

une mer • le fleuve • la rivière • un océan • un lac • une cascade

+ d'exercices, cahier p. 41

Conjugaison • Passé, présent, futur (2)

a. Bébé dauphin **nageait**. Soudain, il **avala** un morceau de métal.
b. Bébé dauphin ne **nage** plus. Il est épuisé.
c. Bébé dauphin **nagera**-t-il de nouveau ?

9 À quel temps sont ces phrases : au présent, au futur, au passé ?

10 Quels mots t'indiquent le temps des phrases ? Ces mots sont-ils des noms ou des verbes ?

11 Quelle est la partie du verbe qui indique le temps : le début ou la fin ?

→ Mémo, p. 26

Je m'entraîne

12 **Indique le temps de ces phrases.**

a. Le dauphin ne mordait pas les jambes de Pablo.
b. Ils filent à toute vitesse le long de la côte.
c. Papa arrivera à dégager la ferraille.

13 **Indique le temps du verbe.**

il comprendra • elle balance • ils s'accrochaient • elle disait • ils suivront • il murmure

+ d'exercices, cahier p. 42

L'ATELIER des mots • Les mots en -ment (1)

Le dauphin se dresse brusquement hors de l'eau.
Cet animal attaque rarement l'homme.
Mais papa préfère rejoindre rapidement la plage.
Il me saisit fermement le bras.

14 Lis le texte et repère les mots qui se terminent par **-ment**.

15 Trouve le mot de base avec lequel est construit chaque mot en **-ment**.

brusque → brusquement

a. ~ → rapidement b. ~ → fermement

16 Comment construit-on les mots en **-ment** ?

→ Mémo, p. 36

Je manipule

17 À partir du mot de base, construis pour chaque phrase le mot en **-ment** qui veut dire « d'une certaine manière ».

propre → Il écrit proprement.

a. calme → Elle a joué ~ avec son amie. b. sale → Il mange ~ .

+ d'exercices, cahier p. 43

pages 50 et 51

Orthographe • Le son [v] et le son [f]

1 Indique les erreurs de Bafouillus et les corrections de Correctus. Quels sons se ressemblent ?

2 Cherche un mot où le son [f] ne s'écrit pas avec la lettre f.

→ Mémo, p. 8

Je m'entraîne

3 Dans quels mots entends-tu le son [f] ? Et le son [v] ?

des vœux • les feux • vous • fou • il vend • il fend •
une file • la ville • vrai • frai • vaisselle • faisselle

+ d'exercices, cahier p. 45

Grammaire • Les accords du nom

Le bébé dauphin ouvre ses yeux.
Nous remettons l'animal dans la mer.
La maman caresse son petit.
Les dauphins s'approchent de nous.
Ils font un bond au-dessus des vagues.

4 Relève les noms au pluriel.

5 Parmi ces noms, quels sont ceux qui sont au féminin ? Comment le sais-tu ?

6 Relève un nom au féminin singulier et un autre au masculin singulier.

→ Mémo, p. 18

Je m'entraîne

7 Classe ces noms : masculin ou féminin ? Singulier ou pluriel ?

des rochers | l'ami | ses caresses | cette aventure

8 Transforme.

un petit → **féminin** : ~
la plongeuse → **masculin** : ~
un petit → **pluriel** : ~
nos amis → **singulier** : ~

+ d'exercices, cahier p. 46

Conjugaison • L'infinitif du verbe

chuchoter verbe. Parler à voix basse.
Elle chuchote pour ne pas réveiller le bébé.

filer verbe. Partir à toute vitesse.
Avec leur moto, ils filent comme le vent.

prendre verbe. Attraper quelque chose.
Il prend son stylo pour écrire.

surgir verbe. Apparaître d'un coup. *Les sorcières sortent de leur cachette et surgissent devant le héros.*

9 **Observe les mots en bleu. Comment appelle-t-on ces mots ?**

10 **Retrouve ces verbes conjugués dans les phrases exemples. Compare-les avec les verbes en bleu.**

11 **Les verbes en bleu sont à l'infinitif. Par quelles lettres se terminent-ils ?**

→ Mémo, p. 26

Je m'entraîne

12 **Trouve l'infinitif des verbes conjugués.**

il attrape ~ on continue ~
ils entendent ~ elles réussissent ~
elle fait ~ nous vendons

+ d'exercices, cahier p. 47

13 **Utilise ces verbes pour faire des phrases.**

Exemple : manger → Nous mangeons tard.

a. pousser → Il ~

b. dire → Elle ~

L'ATELIER des mots • Les mots en -ment (2)

Finalement, le dauphin nous conduit à son petit. Le bébé dauphin est visiblement blessé. Heureusement, papa arrive à le soigner ! Le petit se met à bouger doucement. Il est sauvé !

14 **Lis le texte et repère les mots en -ment.**

15 **Trouve le mot de base avec lequel est construit chaque mot en -ment.**

a. ~ → doucement   b. ~ → heureusement

16 **Comment construit-on les mots en -ment ?**

→ Mémo, p. 36

Je manipule

17 **À partir du mot de base, construis pour chaque phrase le mot en -ment qui veut dire « d'une certaine manière ».**

a. attentif → Il a écouté ~ la leçon.

b. affreux → Il fait ~ mauvais ces derniers jours.

+ d'exercices, cahier p. 48

La mer s'est retirée

La mer s'est retirée,
Qui la ramènera ?
La mer s'est démontée,
Qui l'a remontera ?
La mer s'est emportée,
Qui la rapportera ?
La mer est déchaînée,
Qui la rattachera ?
Un enfant qui joue sur la plage
Avec un collier de coquillages.

© Jacques Charpentreau,
Poèmes pour les amis, 1963.

Mille ans de contes - Mer,
Illustration d'Olivier Latyk,
Milan Jeunesse.

En ouvrant ce livre, tu seras sirène un jour, pirate le lendemain, et même requin le jour suivant. Tu vas découvrir dans ce beau recueil aux couleurs de l'océan de nombreux contes qui vont t'emmener vers le large…

unité 4

Les mammifères marins

Un documentaire sur la vie des animaux marins et les espèces en danger

un cachalot

une baleine

des bélougas

Nathan

Les cétacés ne sont pas des poissons. Ils doivent revenir régulièrement à la surface pour faire le plein d'oxygène*.

Poissons et cétacés : des animaux bien différents

Dans tous les océans du monde, on rencontre des cétacés. Ce sont des mammifères marins. Les plus connus sont la baleine et le dauphin.

Ils ont de nombreux cousins : le cachalot, le bélouga, appelé aussi baleine blanche. Ou encore l'orque, un des plus terribles prédateurs* de la mer.

L'air qui va dans leurs poumons entre et sort par un évent, une espèce de narine située sur le dessus de la tête.

Comme chez tous les mammifères, le petit cétacé sort directement du ventre de sa maman. La baleine allaite* son baleineau pendant 7 mois. Chaque jour, il boit jusqu'à 90 litres de lait et grossit de 3 kilos. Les jeunes restent avec les adultes plusieurs années.

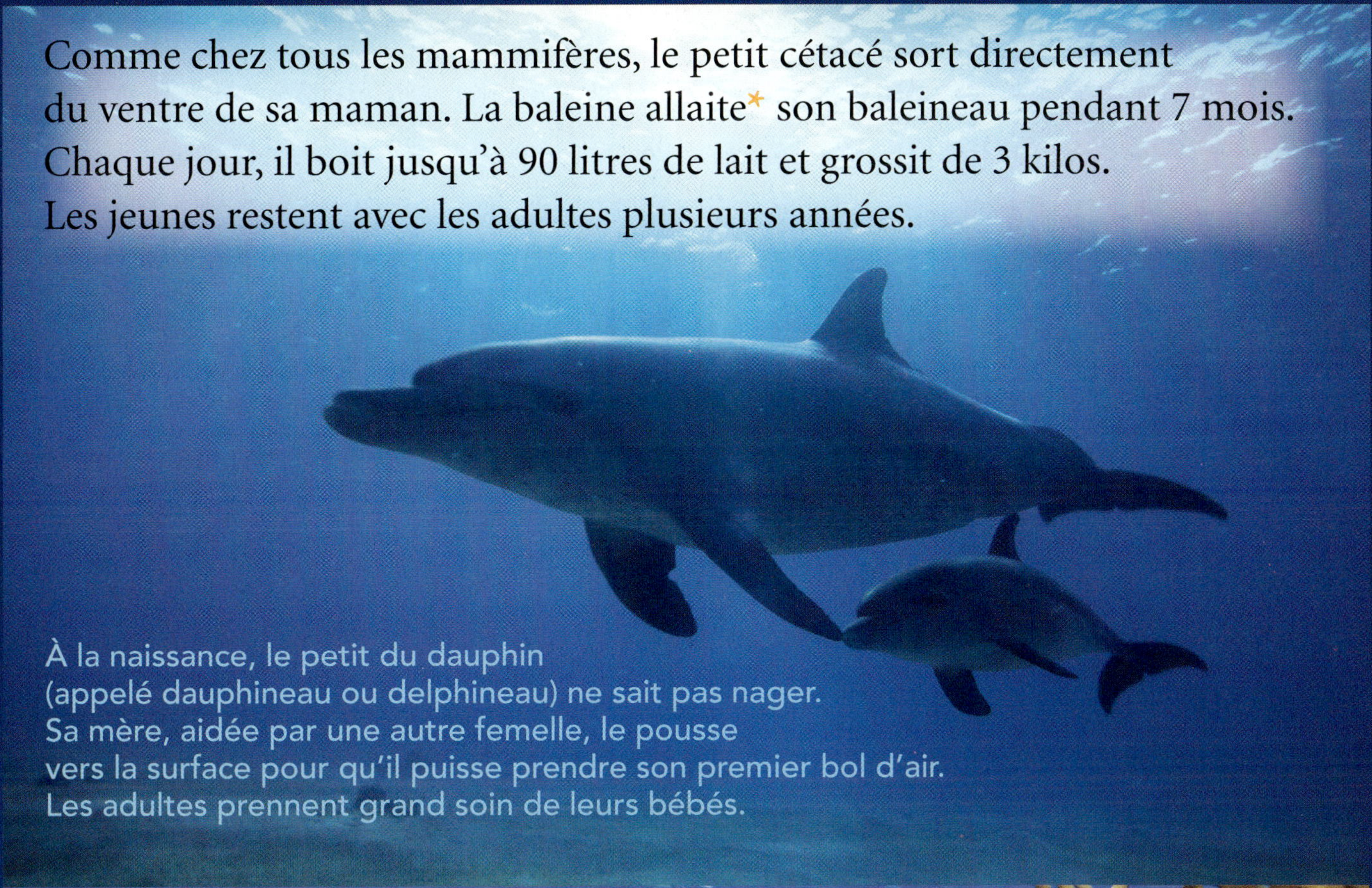

À la naissance, le petit du dauphin (appelé dauphineau ou delphineau) ne sait pas nager. Sa mère, aidée par une autre femelle, le pousse vers la surface pour qu'il puisse prendre son premier bol d'air. Les adultes prennent grand soin de leurs bébés.

Le bébé poisson, appelé alevin, sort d'un œuf. Sa mère en pond plusieurs en même temps, parfois des centaines chez certaines espèces. Généralement, les poissons adultes ne s'occupent pas de leurs petits. Parfois même, ils les mangent !

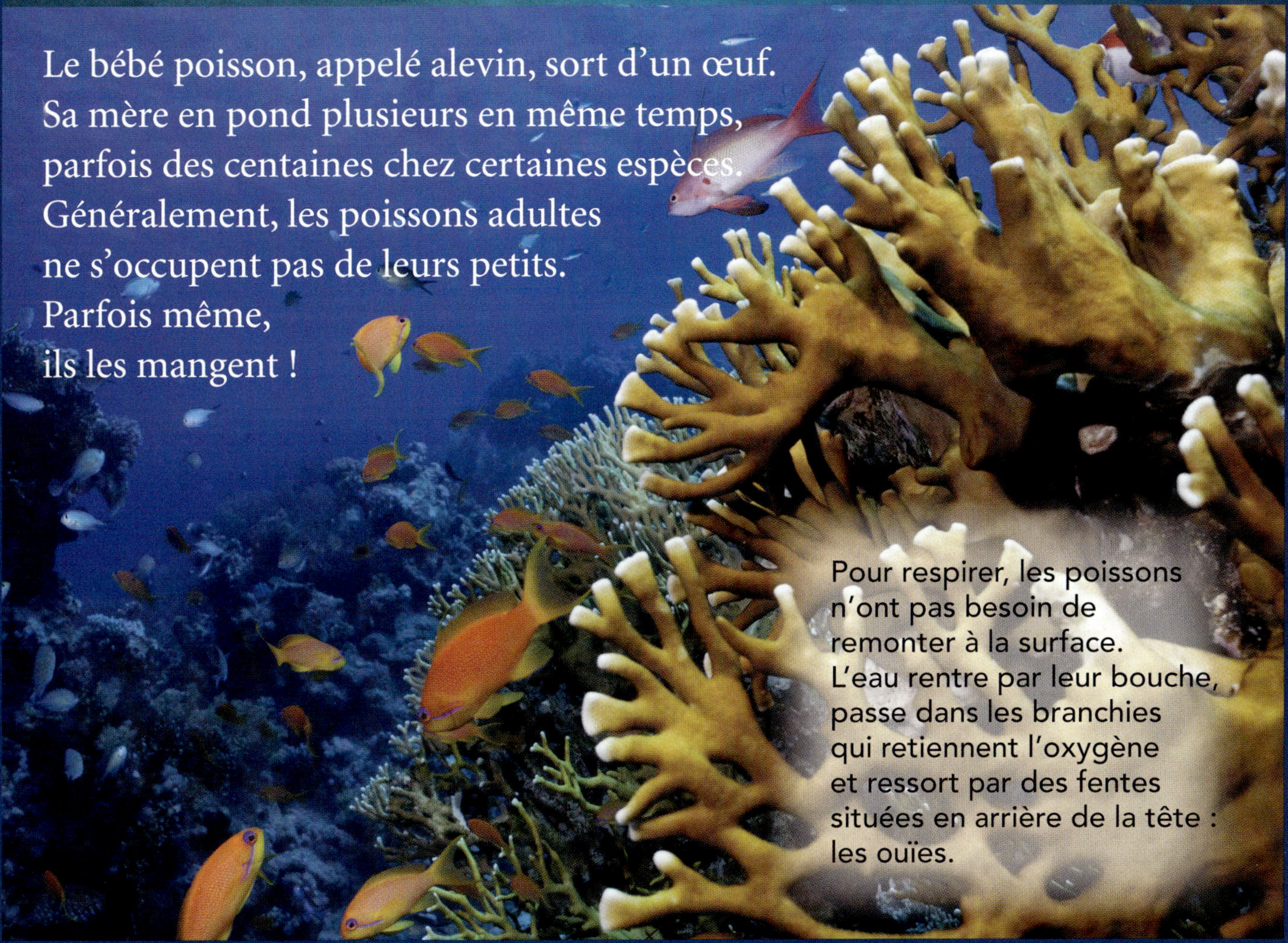

Pour respirer, les poissons n'ont pas besoin de remonter à la surface. L'eau rentre par leur bouche, passe dans les branchies qui retiennent l'oxygène et ressort par des fentes situées en arrière de la tête : les ouïes.

Attention : animaux en danger !

La vie des petits cétacés n'est pas toujours facile. En nageant avec les adultes, les jeunes dauphins peuvent être pris dans des filets de pêche et mourir noyés. Certains pays pratiquent toujours la chasse à la baleine. Si une mère est capturée, le baleineau, privé de son lait, s'épuisera et mourra de faim.

Ces animaux marins souffrent aussi de la pollution des mers. Les dauphins peuvent tomber malades à cause des déchets toxiques* présents dans l'eau ou dans les poissons dont ils se nourrissent. Les cétacés peuvent être perturbés* par les bruits des bateaux, des sous-marins, des travaux sous la mer. Ils ont alors du mal à s'orienter, perdent leurs repères et s'échouent sur les plages.

Les cétacés ne sont pas les seuls animaux menacés dans les océans. De nombreuses tortues marines meurent en avalant des sacs plastique qu'elles prennent pour des méduses.

Pour pêcher, on utilise aujourd'hui des bateaux-usines qui prennent tellement de poissons que de nombreuses espèces sont menacées de disparition. Chaque année, par exemple, les hommes tuent des millions de requins.

Il existe un problème plus grave encore. À cause de l'activité des hommes (usines, transports, chauffage ...), la planète se réchauffe et les océans aussi. Dans les mers froides, la banquise fond, ce qui met en danger beaucoup d'animaux, comme l'ours blanc. Dans les mers du Sud, le réchauffement entraîne la mort des récifs* de coraux* et la disparition des créatures vivant dans ce monde merveilleux.

Protégeons la mer

La mer n'est pas une poubelle. Les usines ne doivent plus déverser leurs déchets dans l'eau. Il faut arrêter de jeter dans la nature des sacs plastique qui peuvent finir dans la mer et tuer de nombreux animaux.
Les filets de pêche géants, longs de plusieurs kilomètres, sont d'immenses pièges à dauphins ou à requins.

Aujourd'hui, plusieurs requins sont inscrits sur la liste des espèces menacées, parmi eux le requin taupe, le requin pèlerin ou le requin blanc. De nombreux pays protègent également les baleines. Malheureusement, la Norvège, le Japon et l'Islande continuent de les chasser.

En France, on commence à créer des réserves naturelles marines. Dans ces zones, des règlements limitent* la pêche et la navigation des bateaux. Si tous les pays agissent ainsi, les cétacés et les poissons pourront à nouveau vivre et se reproduire en paix.

Fabrique un mobile de la mer

Il te faut :

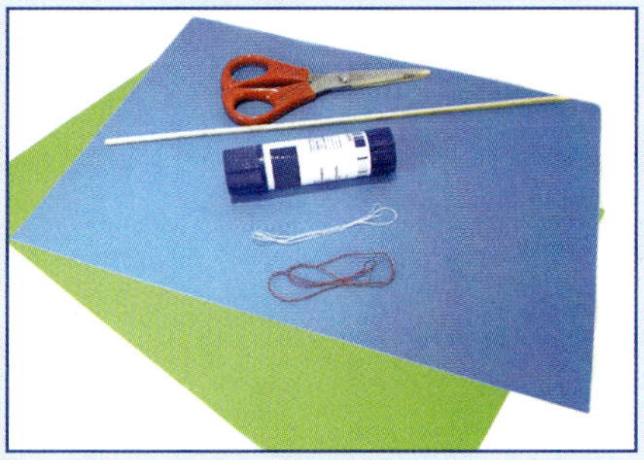

- des feuilles de papier de couleur
- une paire de ciseaux
- de la colle
- du fil
- une baguette ou un pic à brochette

Pour réaliser une baleine :

- Découpe un carré de 14 cm de côté dans une feuille de papier.
- Trace des lignes de pointillés.
- Plie en suivant les pointillés (photos 1, 2, 3, 4 et 5).

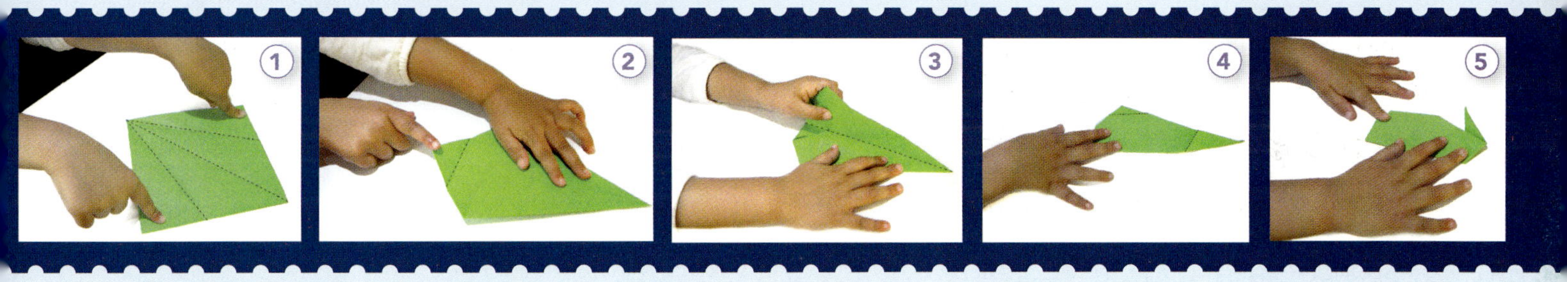

Pour réaliser un dauphin :

- Réalise le même pliage que pour la baleine mais à partir d'un carré de 10 cm.
- Plie une bandelette de papier en deux et découpe trois petits morceaux identiques, comme sur le schéma ci-dessous.

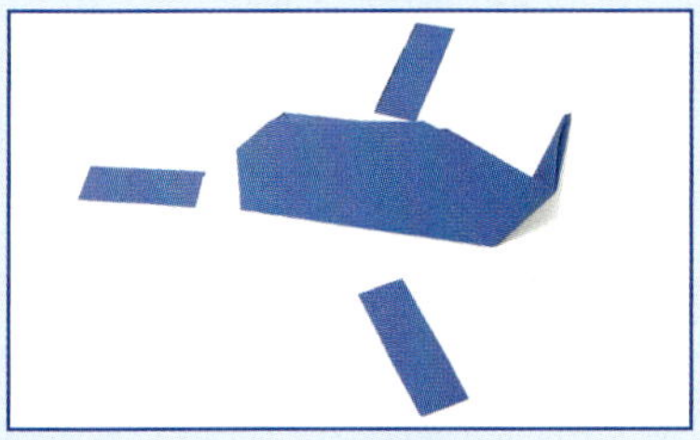

- Colle-les pour obtenir le museau et les nageoires.

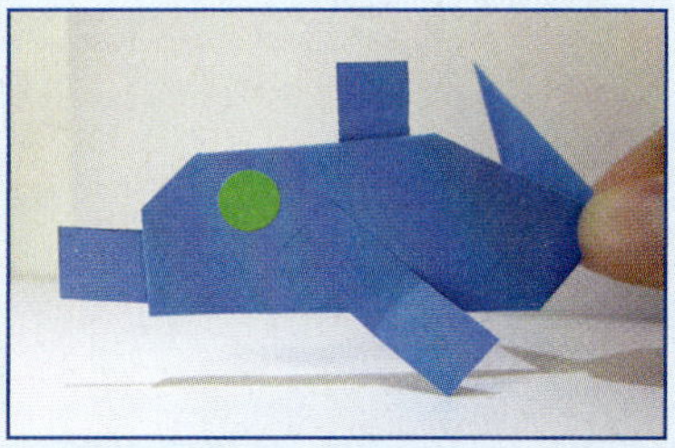

Pour réaliser le mobile :

- Réalise autant de cétacés que tu le souhaites.
- Demande à un adulte qu'il perce un petit trou en haut du dos de chaque animal.
- Passe un fil de différente longueur dans chaque trou et fais un nœud.
- Suspends les fils à la baguette.
- Avec l'aide d'un adulte, suspends ton mobile.

Colle des gommettes à la place des yeux et dessine la bouche des baleines.

Je comprends la partie

1 Réponds aux questions sur la partie 1.

a. De quels mammifères marins parle-t-on dans le texte ?
b. Pourquoi ces animaux remontent-ils régulièrement à la surface de l'eau ?
c. Comment se déroule la naissance d'un bébé cétacé ? De quoi se nourrit-il ensuite ?
d. Les poissons naissent-ils et respirent-ils comme les cétacés ? Explique les différences.
e. Connais-tu d'autres animaux qui vivent dans les mers ou les océans ? À ton avis, comment respirent-ils ?

J'apprends des mots nouveaux

2 Associie chaque mot à sa définition.

a. Un évent, …
b. L'oxygène, …
c. Un alevin, …

1. … c'est un bébé poisson.
2. … c'est une espèce de narine que le cétacé a sur le dessus de la tête.
3. … c'est ce que les êtres vivants respirent.

3 Explique ces phrases avec tes propres mots.

a. Le cétacé remonte à la surface pour faire le plein d'oxygène.
b. La maman dauphin pousse son petit à la surface de l'eau pour qu'il puisse prendre son premier bol d'air.

Je lis à voix haute

4 Lis ces phrases à voix haute avec le ton qui convient.

Comme chez tous les mammifères, le petit cétacé sort directement du ventre de sa maman. À la naissance, le petit du dauphin (appelé dauphineau ou delphineau) ne sait pas nager.

Je me souviens de la partie

5 Précise s'il s'agit du poisson ou du cétacé.

a. L'air entre par son évent.
b. L'eau passe par ses branchies.
c. Le petit sort d'un œuf.
d. Le petit sort du ventre de sa mère.
e. La maman allaite son bébé.

6 À quel endroit du documentaire pourrais-tu ajouter cette nouvelle image ?

photographie grossie d'œufs de poissons

7 Remets ces phrases dans l'ordre pour savoir comment les poissons respirent.

a. Puis elle ressort par les ouïes.
b. Les poissons laissent entrer l'eau dans leur bouche.
c. L'eau passe dans les branchies qui retiennent l'oxygène.

J'écris une phrase

8 Écris une légende correspondant à ce dessin en utilisant des mots dans cette liste.

un prédateur • une orque • la mer • terrible • chasser • des poissons

Je comprends la partie

1 Réponds aux questions sur la partie 2.

a. Pourquoi le baleineau meurt-il s'il est privé de sa mère ?
b. Quels autres dangers les cétacés peuvent-ils rencontrer ?
c. Pourquoi des millions de requins sont-ils tués chaque année ?
d. Quels sont les autres animaux en danger cités dans le documentaire ? Pour quelles raisons ?

J'apprends des mots nouveaux

2 Retrouve le nom de ce qui est représenté sur ces photographies.

3 Explique ces phrases avec tes propres mots.

À cause de l'activité des hommes (usines, transports, chauffage…), la planète se réchauffe et les océans aussi.

4 Associie chaque mot à la partie de la photo qui convient.

Tu peux t'aider du dictionnaire.

Les mots du chalutier

a. un marin-pêcheur
b. un chalut
c. la cabine
d. l'enrouleur de chalut
e. les flotteurs

Je me souviens de la partie

5 Associe chaque début de phrase à la fin qui convient.

a. De nombreuses tortues marines meurent…
b. Les dauphins peuvent tomber malades…
c. Les cétacés sont perturbés et perdent leurs repères…

1. … à cause des bruits des bateaux et des sous-marins.
2. … à cause des déchets toxiques présents dans l'eau.
3. … à cause des sacs plastique qu'elles avalent en les prenant pour des méduses.

6 À quel endroit du documentaire pourrais-tu ajouter ces nouvelles phrases ?

a. En effet, l'ouïe étant leur sens le plus important, ils sont gênés et deviennent stressés.
b. Elles se retrouvent aussi très souvent piégées par les filets des pêcheurs et se noient.

J'écris un petit texte

7 La maîtresse emmène ses élèves faire un pique-nique au bord d'un lac. Imagine un règlement qui précise ce que l'on peut faire et ce que l'on ne peut pas faire.

Pour t'aider, réponds à ces questions.

a. Quels déchets peut-il rester après un pique-nique ?
b. Les élèves peuvent-ils donner à manger aux oiseaux ou aux poissons du lac ? Pourquoi ?
c. Cherche sur Internet quels déchets ne disparaîtront pas avant plusieurs années ?
d. Que doit-on faire alors ?

• **Tu peux commencer ton texte ainsi :**

Je dois… Je ne dois pas…

Des mots pour t'aider

Noms	Verbes		Adjectifs	Autres mots
un sandwich une bouteille un sachet une poubelle du pain	je dois je peux je ne dois pas je ne peux pas	jeter ramasser nourrir	sale gras	jamais surtout

+ d'exercices, cahier p. 56

Je comprends la partie

1 Réponds aux questions sur la partie 3.

a. Que peut-on faire pour protéger la mer ?
b. Quelles espèces de requins sont en train de disparaître ? Pourquoi ?
c. Qu'est-ce qu'un règlement ? À quoi les réserves naturelles marines servent-elles ?

Je comprends la fiche de fabrication

d. Qu'est-ce qu'un mobile ?
e. Quels animaux peux-tu réaliser en pliage ?
f. Combien d'étapes sont nécessaires pour le pliage d'une baleine en papier ?

J'apprends des mots nouveaux

2 Remets chaque groupe de mots dans l'ordre pour former une phrase et explique-la avec tes propres mots. N'oublie pas la majuscule et le point.

a. à dauphins ou à requins | les filets de pêche géants | sont d'immenses pièges

b. des espèces menacées | sont inscrits sur la liste | plusieurs requins

Je me souviens de tout le documentaire

3 Réponds aux questions sur l'ensemble du documentaire.

a. Comment appelle-t-on les animaux qui allaitent leurs petits ?
b. Comment appelle-t-on ceux qui ont des branchies pour respirer ?
c. Quels dangers les animaux marins peuvent-ils rencontrer ? Que peuvent faire les hommes pour les limiter ?
d. Que peut-on aménager pour permettre aux animaux marins de vivre en paix ?

4 Fais la liste des animaux du documentaire et classe-les selon les catégories suivantes.

Poissons | Cétacés | Autres

5 Discute avec tes camarades.

Connais-tu d'autres animaux en danger dans le monde ?
Que peut-on faire pour les protéger ?

+ d'exercices, cahier p. 61

Petit dictionnaire du documentaire

allaiter verbe. Nourrir avec son lait. *La chatte allaite ses petits dès leur naissance.*

corail nom masculin. (pluriel des **coraux**). Ensemble de branches colorées sous-marines constituées des squelettes de minuscules animaux marins.

limiter verbe. Fixer un niveau que l'on ne doit pas dépasser. *En ville, la vitesse est limitée à 50 kilomètres à l'heure.*

oxygène nom masculin. Gaz contenu dans l'air que l'on respire. *Sans oxygène, les êtres vivants ne peuvent pas vivre.*

perturber verbe. Déranger. *Cet élève est pénible ; il perturbe toujours la classe.*

prédateur nom masculin. Animal qui chasse pour se nourrir. *Le lion est un prédateur. Sa proie préférée est le zèbre.*

récif nom masculin. Rocher qui dépasse à peine de l'eau. *Le bateau s'est échoué sur un récif avant de couler.*

toxique adjectif. Dangereux pour la santé. *Certains champignons sont toxiques.*

J'utilise le petit dictionnaire

6 **Cherche les mots qui correspondent à ces illustrations dans le petit dictionnaire.**

a. 

b. 

c. 

7 **Cherche les réponses aux questions dans les articles du petit dictionnaire.**

a. Combien y a-t-il d'articles dans ces deux pages de dictionnaire ?

b. Dit-on **un récif** ou **une récif** ? Pourquoi ?

c. Quel verbe est un synonyme du verbe **déranger** ?

d. Quel verbe vient du nom **une limite** ?

8 **Indique entre quels articles du petit dictionnaire doivent être classés les mots suivants.**

surface • bélouga • queue • mammifère

pages 66 et 67

Orthographe • Les groupes de lettres *pl, cl, gl...*

une planète	une claque	un oubli	le gel
une plage	une classe	établi	un aveugle
plastique	un clavier	affaibli	un jongleur
une palme	un calcul	habile	un aigle

1 **Trouve l'intrus dans chaque colonne. Qu'observes-tu ?**

2 **Recopie les mots de chaque colonne qui ont un groupe de lettres identique.**

→ Mémo, p. 9

Je m'entraîne

3 **Lis les mots deux par deux. Classe-les : la lettre l est après la consonne ou après la voyelle.**

des plis / des piles • des pulls / des plus • une claque / un calque • la foule / c'est flou • il coule / il cloue • il clame / il calme • nous bâclons / des balcons

+ d'exercices, cahier p. 52

Grammaire • Les noms et les pronoms

Devinettes

Ils ont toujours l'air de sourire. Qui sont-**ils** ?
Elle a de longues nageoires. Qui est-**elle** ?
Il a une grosse tête carrée. Qui est-**il** ?
Elle est noire et blanche. Qui est-**elle** ?

la baleine

l'orque

le cachalot

les bélougas

4 **Les mots en gras s'appellent des pronoms. Trouve quel nom d'animal ils remplacent.**

5 **Repère les deux pronoms masculins. Qu'ont-ils de différents ?**

6 **Repère les pronoms féminins. Combien y en a-t-il ?**

→ Mémo, p. 19

Je m'entraîne

7 **Trouve les pronoms qui peuvent remplacer les noms : il – elle – ils – elles.**

les nageoires • la queue • l'aileron • les yeux

8 **Devine de quoi on parle.**

a. Elles permettent aux poissons de respirer.
b. Ils permettent aux cétacés de respirer.
c. Il va dans les poumons.
d. Elle entre par la bouche des poissons.

+ d'exercices, cahier p. 53

Conjugaison • Le verbe change (2)

La baleine et son petit

Elle l'allaitait depuis sa naissance.
Elle l'allaite encore à six mois.
Elle l'allaitera jusqu'à un an.

9 Indique le verbe de chaque phrase.

10 À quels temps sont-ils conjugués : présent, passé, futur ?

11 Observe le début et la fin de chaque verbe. Que remarques-tu ?

→ Mémo, p. 27

Je m'entraîne

12 **Lis le verbe souligné dans chaque phrase. Indique ce qui change et ce qui ne change pas.**

a. Le baleineau restera longtemps avec sa maman.
b. Le baleineau restait longtemps avec sa maman.
c. Les baleineaux restent longtemps avec leur maman.

13 **Repère le verbe dans ces phrases. Observe ce qui change.**

a. Une femelle aide le baleineau à la naissance.
b. J'aidais toujours mon petit frère.
c. Maman et papa aideront la voisine.

+ d'exercices, cahier p. 54

Vocabulaire • Les contraires

14 Compare les paroles du poisson et du Martien. Quels mots ont changé dans la bouche du Martien ?

15 Observe ces mots deux par deux. Ont-ils le même sens ou des sens contraires ?

→ Mémo, p. 37

Je m'entraîne

16 **Trouve le contraire des mots ci-dessous.**

remonter • le dessus • pousser
petit • régulièrement • la surface

+ d'exercices, cahier p. 55

17 **Trouve le contraire de chaque mot en gras.**

a. Bébé baleine ne **maigrit** pas.
Au contraire, il …

b. La baleine n'est pas un cétacé **inconnu**.
Au contraire, elle est …

pages 68 et 69

Orthographe • Les groupes de lettres *pr, cr, tr*…

un prédateur	un carnivore	une troupe	libre
précieux	un crabe	une trousse	un berceau
préférer	cracher	trouver	sombre
une personne	un crapaud	tourner	une vertèbre

1 **Trouve l'intrus dans chaque colonne. Qu'observes-tu ?**

2 **Recopie les mots de chaque colonne qui ont un groupe de lettres identique.**

→ Mémo, p. 9

Je m'entraîne

3 **Lis les mots deux par deux.**
Classe-les : la lettre r est après la consonne ou après la voyelle.

des bars / des bras • une crue / une cure • il garde / un grade • des proches / des porches • il tire / il trie • il braque / une barque • dru / dur

+ d'exercices, cahier p. 57

Grammaire • Le verbe dans la phrase

a. Les cétacés souffrent de la pollution.
b. Les dauphins avalent parfois des déchets toxiques.
c. Les filets attraperont des dauphins.
d. Les pêcheurs capturaient de nombreuses baleines.

4 **Indique les verbes dans ces phrases.**

5 **Observe la fin des verbes. Ces verbes sont-ils à l'infinitif ou bien sont-ils conjugués ?**

6 **À quels temps les verbes sont-ils conjugués : passé, présent ou futur ?**

→ Mémo, p. 19

Je m'entraîne

7 **Relève les verbes dans ces phrases.**

Un dauphin avale un sac en plastique. Il s'étouffe. Heureusement, un plongeur passe par là. L'homme enlève le sac. Le dauphin repart vers le large.

8 **Relève chaque verbe et écris-le à l'infinitif.**

a. Un dauphin se nourrit de poissons.
b. Les bruits perturbent les cétacés.
c. Il perd ses repères.
d. Ces pauvres animaux s'échouent.

+ d'exercices, cahier p. 58

Conjugaison • Les pronoms

9 Relève le verbe conjugué de chaque phrase et le pronom.

10 Observe la fin des verbes. Qu'est-ce qui les fait changer ?

11 Quel(s) nom(s) ces pronoms remplacent-ils dans les phrases ?

→ Mémo, p. 27

Je m'entraîne

12 Fais la liste de tous les pronoms que tu connais. Attention, ils ne sont pas tous dans le texte.

13 Relève les phrases de la BD ci-dessus contenant le verbe aimer puis remplace ce verbe par le verbe détester. Que remarques-tu ?

+ d'exercices, cahier p. 59

L'ATELIER des mots • Les noms des petits des animaux

Dans mon zoo imaginaire, il y a un baleineau.
Le renardeau joue avec un chevreau.
Un chaton court après un girafon !
L'ourson et l'autruchon se promènent ensemble.

14 Lis le texte et observe les noms soulignés.

15 Indique le nom du petit de chaque animal.

a. un ours
b. une autruche
c. une baleine
d. un chat

• Comment peut-on construire les noms des petits des animaux ?

→ Mémo, p. 37

Je manipule

16 Trouve les mots qui manquent.

a. Le renardeau est le ~ du renard.
b. L'éléphanteau est le ~ de l' ~ .
c. L' ~ est le ~ de l'aigle.

+ d'exercices, cahier p. 60

pages 70 et 71

Orthographe • Les groupes de lettres *on* et *om*

étonnant	le monde	comment	il comprend
un bonnet	un poisson	un homme	il se nomme
il ordonne	la pollution	il compte	nombreux
il plonge	une zone	un kilomètre	il se trompe

1 Repère l'intrus dans chaque colonne.

2 Observe les sons produits par les lettres **on** et **om**.

→ Mémo, p. 9

Je m'entraîne

3 Repère l'intrus dans chaque ligne.

a. une maison • la navigation • bonne • profond
b. un téléphone • une montre • une colonie • un moniteur
c. la somme • il se nomme • une compagne • une pomme
d. une trompette • une pompe • un nom

+ d'exercices, cahier p. 62

Grammaire • Le sujet dans la phrase

a. Une usine déverse des déchets dans l'eau.
b. Des usines déversent des déchets dans l'eau.
c. On déverse des déchets dans l'eau.
d. Tu déverses des déchets dans l'eau.

4 Observe la fin des verbes soulignés. Que remarques-tu ?

5 Quels autres mots changent dans les phrases ? Ces mots forment le sujet.

→ Mémo, p. 19

Je m'entraîne

6 Repère le sujet de chaque verbe souligné.

a. La pollution tue des animaux.
b. Les pêcheurs capturent des requins.
c. Ils meurent dans des filets.
d. De nombreuses baleines disparaissent.

+ d'exercices, cahier p. 63

7 Remplace le pronom par un groupe de mots contenant un nom.

a. Elle salit les rivières.
b. Ils finissent dans la mer.
c. Il se nourrit dans la mer.
d. Elles pourront vivre en paix.

Conjugaison • Le présent des verbes en -er

8 Repère les verbes. Quel est leur infinitif ? Sont-ils conjugués au passé, au présent ou au futur ?

9 Relève le pronom et la terminaison du verbe dans chaque phrase.

→ Mémo, p. 27

Je m'entraîne

10 Conjugue au présent un autre verbe en -er : parler.

je ~ • tu ~ • il ~ • elle ~ • on ~
nous ~ • vous ~ • ils ~ • elles ~

11 Ajoute le pronom qui convient devant chaque verbe.

~ pousse • ~ écoutent • ~ cassons • ~ donnez

+ d'exercices, cahier p. 64

L'ATELIER des mots • Les mots en -et ou -ette

- un bâtonnet
- une fillette
- une poulette
- une bandelette
- un garçonnet
- une cachette

12 Observe les mots de la liste.

13 Avec les mots de la liste, remplace les mots soulignés et complète les phrases.

a. Le petit garçon fixe le mobile sur ~ .
b. La petite fille découpe ~ de papier.
c. La petite poule s'est réfugiée dans ~ .

• Comment peut-on construire un mot qui veut dire « quelque chose de plus petit » ?

→ Mémo, p. 37

Je manipule

14 Trouve les mots qui manquent.

une fourche • une ~
une ~ • une fléchette
une chaîne • une ~
une ~ • une clochette

+ d'exercices, cahier p. 65

Polynésie, La mer

Henri Matisse, gouache découpée de 1946, Musée des Arts Décoratifs, Copenhague.

Inventaire illustré de la mer,
Virginie Aladjidi et Emmanuelle Tchoukriel,
Albin Michel Jeunesse.

Un livre magnifiquement illustré pour découvrir des animaux marins en tout genre : des mammifères et des poissons, mais aussi des reptiles, des vers, des oiseaux et beaucoup d'autres encore !

unité 5

Le rossignol de Chine

Un conte marocain écrit par Ahmed Bouzzine
et illustré par Christian Guibbaud

Milan Jeunesse

Dans la sublime ville de Fès
vivait un marchand tellement riche
qu'il s'était offert le bien le plus rare et
le plus précieux* : un rossignol de Chine.
Il lui avait fait ciseler* une cage en or.
Dès qu'il eut installé l'oiseau
dans sa cage, sa vie se transforma.

Le premier regard du matin
n'était plus pour sa femme,
mais pour son rossignol.
Le premier sourire du matin
n'était plus pour ses enfants,
mais pour son rossignol.
Le dernier sourire de la journée
n'était plus pour ses enfants,
mais pour son rossignol.

Un jour il vint voir son rossignol et lui annonça :
– Je vais aller dans ton pays. Voudrais-tu que je te rapporte un cadeau ?
– Ramène-moi ma liberté, cela me suffira ! lui répondit le rossignol.
– Ta liberté ? Mais tu n'y penses pas ! Quelle terrible souffrance ! Que deviendrais-je sans toi ? Je mourrais !
– Ah non ! dit le rossignol. Je ne veux tuer personne. Mais si tu vas en Chine, va dans la forêt où l'on m'a capturé, va dans la clairière* où je suis né. Quand tu y seras, si tu vois un rossignol qui me ressemble, dis-lui que j'ai l'immense privilège* de vivre dans une cage dorée.

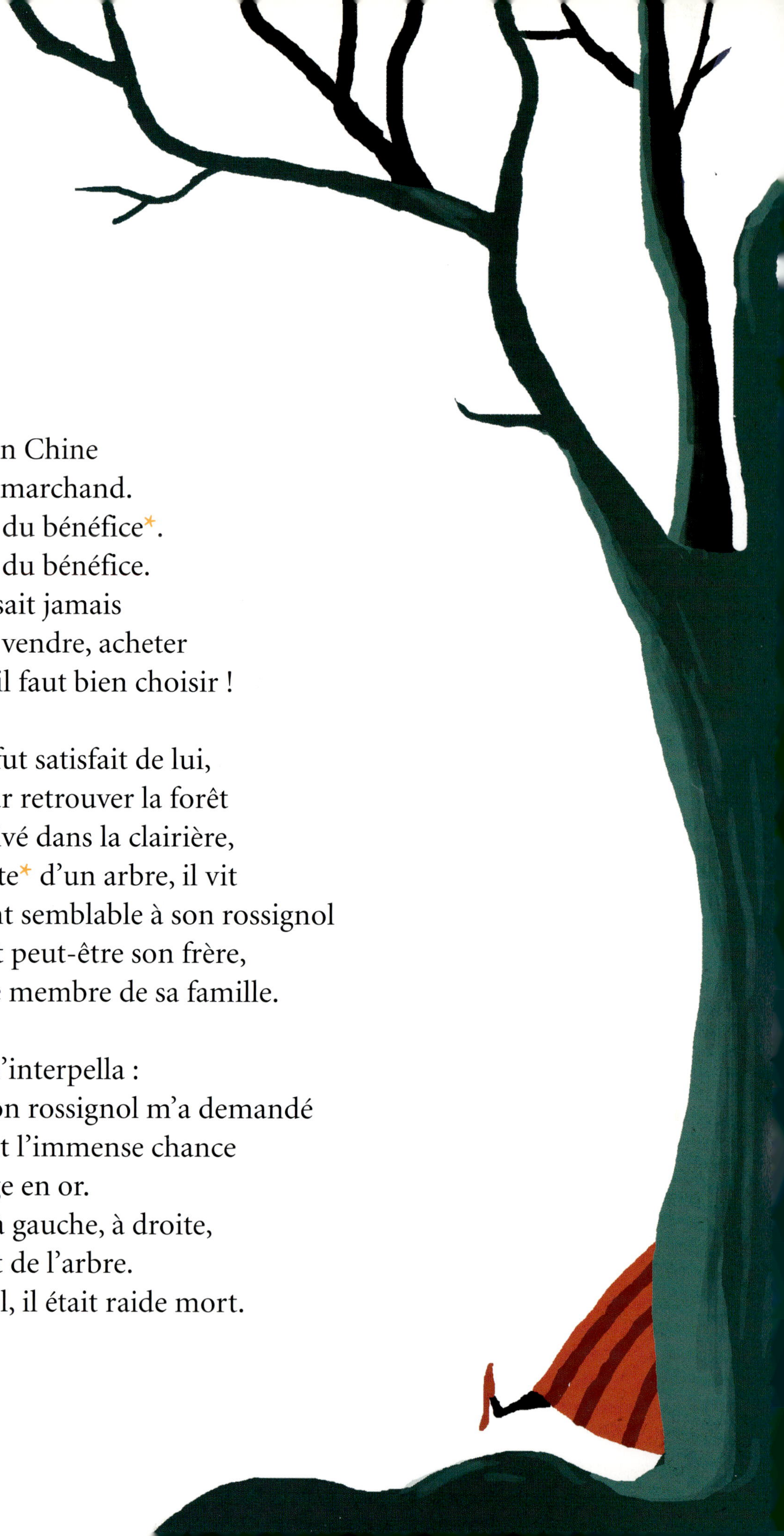

Le marchand arriva en Chine
et il fit son métier de marchand.
Vendre, acheter, faire du bénéfice*.
Vendre, acheter, faire du bénéfice.
Un marchand, ça ne sait jamais
ce que ça veut : entre vendre, acheter
ou faire du bénéfice, il faut bien choisir !

Quand le marchand fut satisfait de lui,
il se mit en route pour retrouver la forêt
de son rossignol. Arrivé dans la clairière,
il fut stupéfait. Au faîte* d'un arbre, il vit
un rossignol tellement semblable à son rossignol
qu'il pensa que c'était peut-être son frère,
sa sœur ou tout autre membre de sa famille.

Il en fut tout ému et l'interpella :
– Ohé, rossignol ! Mon rossignol m'a demandé
de te dire que lui avait l'immense chance
de vivre dans une cage en or.
Le rossignol vacilla* à gauche, à droite,
puis il tomba du haut de l'arbre.
Quand il toucha le sol, il était raide mort.

Le visage du marchand devint grave.
Une phrase avait tué ce rossignol.
Qu'allait-il raconter à son oiseau favori ?

De retour chez lui, il n'osait plus entrer
dans le salon où était accrochée la cage.
À nouveau, sa vie se transforma.

Le premier regard du matin n'était plus
pour son rossignol, mais pour sa femme.
Le dernier regard du soir n'était plus
pour son rossignol, mais pour sa femme.
Le dernier sourire de la journée n'était plus
pour son rossignol, mais pour ses enfants.

Un jour, par mégarde, il entra dans le salon. Le rossignol lui demanda :
– Alors, tu es allé en Chine ?
– Oui, lui dit le marchand, mais ce que j'ai à t'apprendre est terrible et malheureux.
– Ce qui est terrible et malheureux pour toi ne l'est pas forcément pour moi. Raconte !
– Je suis allé dans ta forêt et j'ai rencontré un rossignol qui te ressemble comme une goutte d'eau ressemble à une autre goutte d'eau. Quand je lui ai raconté que tu demeurais dans une cage en or, il est tombé raide mort.
À cet instant, le rossignol vacilla à gauche, à droite, puis tomba raide mort au fond de la cage.

– Que cette phrase soit maudite ! Elle a aussi tué mon rossignol.

Il se mit à pleurer à chaudes larmes. Il se saisit d'un éventail* de soie, sortit l'oiseau inanimé* de sa cage et se mit à l'éventer. Le rossignol ne bougeait toujours pas. Le marchand courut dans la cuisine chercher un bol d'eau pour tenter de lui redonner vie mais, quand il revint, l'oiseau avait disparu. Il s'était échappé par une fenêtre entrouverte et il s'était posé sur la branche d'un arbre tout proche.

– Reviens ici ! cria le marchand.
– Pas question ! dit le rossignol.
– Mais que t'arrive-t-il ?
– Vois-tu, je ne savais comment m'échapper.
C'est un de mes frères, en Chine, qui m'a révélé la solution : faire le mort !
Ça a bien marché. Eh bien, en ton absence, j'ai réfléchi sur la liberté.

La liberté, la liberté ne se donne pas,
la liberté se prend. Et je prends
la liberté de rentrer en Chine.

Fin

Contes du Maroc,
de Ahmed Bouzzine,
Le rossignol de Chine,
Milan Jeunesse.

pages 86 et 87

Je comprends l'épisode

1 Réponds aux questions sur l'épisode 1.

a. Quel animal le marchand s'est-il offert ?
b. De quel pays cet animal vient-il ? Est-ce le pays du marchand ?
c. Quel cadeau l'oiseau souhaite-t-il que le marchand lui ramène ? Qu'en penses-tu ?
d. Pourquoi le marchand refuse-t-il de lui faire ce cadeau ?
e. Est-ce un privilège pour un oiseau de vivre dans une cage dorée ? Explique pourquoi.

J'apprends des mots nouveaux

2 Par quel mot peux-tu remplacer le mot en vert ?

a. Le marchand vit dans la **sublime** ville de Fès.

grande | magnifique | étonnante

b. Le rossignol a été **capturé** dans la forêt.

changé | attrapé | enfermé

Je lis à voix haute

3 Lis ces phrases à voix haute avec le ton qui convient.

– Je vais aller dans ton pays. Voudrais-tu que je te rapporte un cadeau ?

– Ramène-moi ma liberté, cela me suffira ! lui répondit le rossignol.

– Ta liberté ? Mais tu n'y penses pas ! Quelle terrible souffrance ! Que deviendrais-je sans toi ? Je mourrais !

Je me souviens de l'épisode

4 VRAI ou FAUX ?

a. Le riche marchand vit en Chine.
b. Le marchand s'est offert un oiseau très rare.
c. Le rossignol compte plus que tout pour le marchand.
d. Le marchand part en voyage et emmène son oiseau.
e. Le rossignol veut tuer son maître.
f. Le rossignol est le plus heureux des oiseaux dans sa cage.

5 Lis ces trois textes. Lequel résume le mieux l'épisode 1 ?

① Le riche marchand de Fès adore son rossignol de Chine. Il ne s'intéresse plus à sa famille. Un jour, il décide de partir en Chine. Il propose à son rossignol de lui rapporter un cadeau. Celui-ci lui demande d'aller dans la forêt et de lui rapporter un rossignol qui lui ressemble.

② Depuis que le riche marchand de Fès s'est offert un rossignol de Chine, sa vie s'est transformée. Il délaisse sa famille et ne s'intéresse qu'à son rossignol. Sur le point de repartir en Chine, il propose à son rossignol de lui rapporter un cadeau. Celui-ci lui demande alors de lui rendre sa liberté.

③ À Fès vit un riche marchand. Il possède un rossignol qui vient de Chine. Il l'adore tellement qu'il ne s'occupe presque plus de sa famille. Chaque jour, il lui offre des cadeaux, mais le rossignol lui dit qu'il préférerait retrouver sa liberté.

J'écris une phrase

6 Le marchand va partir en Chine. Imagine qu'il va rencontrer un oiseau qui ressemble au sien. Que va-t-il lui dire ? Utilise des mots de cette liste pour répondre à cette question.

un rossignol • le privilège • vivre • une cage

+ d'exercices, cahier p. 66

pages 88 et 89

Je comprends l'épisode

1 Réponds aux questions sur l'épisode 2.

a. Que fait le marchand dès qu'il arrive en Chine ?
b. Où se rend-il ensuite ? Pour quelle raison ? Pourquoi est-il « stupéfait » quand il arrive ?
c. Comment l'oiseau de la forêt réagit-il quand il entend ce que lui dit le marchand ?
d. De retour chez lui, comment le marchand se comporte-t-il avec son rossignol ? Pour quelle raison ?

J'apprends des mots nouveaux

2 Explique ces phrases avec tes propres mots.

a. Le marchand interpelle l'oiseau.
b. L'oiseau est raide mort.
c. Le visage du marchand devient grave.

3 Retrouve les phrases qui ont le même sens.

a. Le marchand est satisfait de lui.
b. Le marchand est tout ému.
c. Le marchand est stupéfait.

1. Il a la gorge serrée.
2. Il est très surpris.
3. Il est content de ce qu'il vient de faire.

4 Associe chaque nom d'oiseau à sa photographie et découvre le cri qu'il fait.

Les cris des oiseaux

a. Le hibou hulule.
b. Le dindon glougloute.
c. Le pigeon roucoule.
d. Le canard cancane.
e. Le corbeau croasse.
f. Le moineau pépie.
g. Le merle siffle.
h. Le rossignol chante.

- **Connais-tu les cris d'autres animaux ?**

Je me souviens de l'épisode

5 Remets les évènements de l'histoire dans l'ordre qui convient.

a. À son retour, le marchand n'ose plus entrer dans le salon où est accrochée la cage.
b. Il aperçoit un oiseau semblable au sien.
c. Alors l'oiseau vacille et tombe de son arbre raide mort.
d. Le marchand se rend en Chine et trouve la forêt de son rossignol.
e. Il lui annonce que son rossignol vit dans une cage en or.

6 Choisis le titre qui convient pour l'épisode 2.

a. La mort mystérieuse d'un marchand chinois
b. La mort mystérieuse d'un rossignol de Fès
c. La mort mystérieuse d'un rossignol de Chine

J'écris un petit texte

7 Imagine le dernier épisode du *Rossignol de Chine*.
Pour t'aider, réponds à ces questions.

a. Le marchand va-t-il raconter ce qui s'est passé à son rossignol ? Que va-t-il lui dire ?
b. Comment l'oiseau va-t-il réagir ?
c. Comment l'histoire va-t-elle se terminer ?

• **Tu peux commencer ton texte ainsi :**

Un jour pourtant, le marchand entra dans le salon…

Des mots pour t'aider

Noms	Verbes		Adjectifs	Autres mots
un soigneur la fenêtre la clé la liberté	expliquer pleurer consoler bouder retrouver	s'enfuir tomber malade chanter refuser repartir	triste stupéfait heureux impatient impossible	soudain peu après ensuite

+ d'exercices, cahier p. 71

pages 90 et 91

Je comprends l'épisode

1 Réponds aux questions sur l'épisode 3.

a. Comment le rossignol réagit-il quand il apprend ce qui s'est passé en Chine ?
b. Quel effet cela provoque-t-il sur le marchand ?
c. Que s'est-il passé quand le marchand revient de la cuisine ?
d. Pourquoi le rossignol s'est-il enfui ? Qui l'a aidé à s'échapper ?

J'apprends des mots nouveaux

2 Explique ces phrases avec tes propres mots.

a. Le marchand se mit à pleurer à chaudes larmes.
b. Il se mit à éventer le rossignol.
c. Un de mes frères m'a révélé la solution.

Je me souviens de toute l'histoire

3 Réponds aux questions sur l'ensemble de l'histoire.

a. Pourquoi, au début de l'histoire, le marchand adresse-t-il son dernier sourire de la journée à son rossignol ?
b. À son retour de Chine, pourquoi est-ce à ses enfants qu'il adresse ce dernier sourire ?
c. Penses-tu que l'oiseau de la clairière soit vraiment mort ? Pourquoi a-t-il réagi ainsi ?
d. Selon toi, qui est le plus triste des deux : le rossignol enfermé dans sa cage ou le marchand qui perd son précieux oiseau ?

4 Remets ces dessins dans l'ordre de l'histoire.

a. 
b. 
c. 
d. 

5 Discute avec tes camarades.

As-tu déjà vu des oiseaux en cage ? Qu'as-tu ressenti en les voyant ?

+ d'exercices, cahier p. 76

Petit dictionnaire de l'histoire

bénéfice nom commun. Argent gagné en vendant quelque chose plus cher que ce qu'on l'a acheté. *J'ai acheté ce livre 2 euros et je l'ai revendu 3 euros. J'ai fait 1 euro de bénéfice.*

ciseler verbe. Tailler, sculpter du métal avec un ciseau. *Le bijoutier a ciselé cette bague avec précision.*

clairière nom féminin. Zone sans arbres située au milieu d'une forêt. *Une chaumière était construite au milieu de la clairière.*

éventail nom masculin. Objet que l'on agite devant son visage pour produire un courant d'air. *Les femmes secouaient leur éventail pour lutter contre la chaleur.*

faîte nom masculin. Sommet. *Pour nettoyer la cheminée, papa est monté sur le faîte du toit.*

inanimé adjectif. Immobile. *Le blessé était étendu sur le sol, inanimé.*

précieux adjectif. Qui a de la valeur, qui est cher. *Le diamant est une pierre précieuse.*

privilège nom masculin. Avantage donné à une personne et pas aux autres. *L'oncle de Tom est chanteur. Tom a le privilège d'assister au concert gratuitement.*

vaciller verbe. Balancer lentement d'un côté puis d'un autre. *La ligne d'arrivée franchie, le champion vacilla puis s'écroula de fatigue.*

J'utilise le petit dictionnaire

6 **Cherche les mots qui correspondent à ces illustrations dans le petit dictionnaire.**

a.

b.

c.

7 **Cherche les réponses aux questions dans le petit dictionnaire.**

a. Combien y a-t-il d'articles dans ces deux pages de dictionnaire ?

b. Dit-on un faîte ou une faîte ? Pourquoi ?

c. Dans *S.O.S. dauphins*, tu as rencontré le mot inerte.
Quel adjectif est un synonyme de ce mot ?

8 **Indique entre quels articles du petit dictionnaire doivent être classés les mots suivants.**

femme • cage • terrible • oiseau • rossignol • gauche

Orthographe • Les groupes de lettres *an* et *am*

an		am	
un animal	le marchand	un ami	sa famille
il annonça	quand	une ampoule	une lampe
dedans	sans	il s'amuse	il ramène
il chante	il se transforme	il amène	un tambour

1 Lis ces listes de mots puis indique quels sons peuvent produire les groupes de lettres an et am.

2 Relève les lettres qui suivent les lettres an, ann ou am. Que remarques-tu ?

→ Mémo, p. 10

Je m'entraîne

3 Repère l'intrus dans chaque ligne.

a. il s'amuse • une ampoule • un champion • la jambe
b. il abandonne • on avance • le danger • la panique
c. un camarade • l'amitié • un mammifère • du jambon
d. une caravane • une année • du sang • il organise

+ d'exercices, cahier p. 67

Grammaire • Repérer le sujet

Tous les enfants lisent le début de cette histoire.
« Dans la ville de Fès vivait un marchand.
Cet homme très riche possédait un rossignol de Chine.
Il installa l'oiseau dans une sublime cage dorée… »

4 Repère le verbe de chaque phrase puis cherche qui ou qu'est-ce qui fait l'action pour trouver le sujet.

5 Le plus souvent, où sont placés les sujets ? Où est le verbe par rapport au sujet ?

→ Mémo, p. 20

Je m'entraîne

6 Trouve les étiquettes correspondant aux verbes et aux sujets.

▶ Le commerçant | regarde | tout le temps | son oiseau.

▶ Un jour, | il | part | en voyage | pour la Chine.

7 Repère d'abord le verbe puis trouve le sujet de chaque phrase.
Le marchand adore son rossignol. Il lui achète une cage en or.
Mais l'oiseau dit tristement : « Je préfère la liberté ! »

+ d'exercices, cahier p. 68

Conjugaison • Le présent du verbe *avoir*

– Le matin, tu n'as pas un regard pour moi, dit la femme.
Tes enfants, non plus, n'ont pas un regard de toi.
– J'ai autre chose à faire. Le rossignol a
mon premier regard, dit le marchand.
– Nous n'avons pas de chance, répond la femme.
– Si ! Vous avez le bien le plus précieux : le rossignol !

8 **Relève chaque verbe souligné avec son sujet.**

9 **Quel est l'infinitif des verbes soulignés ?**
Ces verbes sont-ils conjugués au passé, au présent ou au futur ?

→ Mémo, p. 26

Je m'entraîne

10 **Retrouve les formes du verbe avoir dans ce petit texte et recopie-les avec leur sujet.**

Ce soir, j'ai mal au ventre. Mes parents ont l'air inquiets. Maman me demande : « As-tu de la fièvre ? » Papa me touche le front : « Elle en a un peu ! Heureusement, nous avons un docteur à deux pas ! » Je leur dis : « Avez-vous peur que ce soit grave ? »

+ d'exercices, cahier p. 69

Vocabulaire • L'ordre alphabétique (2)

Voici des mots du texte :

B	bien	F	femme	P	pays	S	souffrance
C	cadeau		forêt		personne		sublime
	cage	J	jour		précieux	T	tellement
	capturer	L	liberté	R	rare		terrible
	ciseler	M	marchand		regard		tuer
	conte		matin		riche	V	vie
E	enfant	O	oiseau		rossignol		ville
			or				

11 **Comment les mots sont-ils rangés dans les listes ?**
Où se trouve la lettre qui permet de ranger chaque mot dans l'ordre alphabétique ?

→ Mémo, p. 36

Je m'entraîne

12 **Indique dans le tableau ci-dessus entre quels mots tu placerais les mots suivants :**

Chine • grand • long • prendre

13 **Recopie les mots de chaque série dans l'ordre alphabétique.**

a. le – un – ici b. qui – que – quand – quoi c. tes – ta – ton – tu – tout

+ d'exercices, cahier p. 70

Orthographe • Les groupes de lettres *in, im* et *ain, ein*

in ou im		ain ou ein	
un Chinois	il installe	il atteint	la main
il grimpe	il interpelle	un domaine	la peine
une image	le matin	il freine	les reins
impoli	sublime	du grain	une semaine

1 Lis les mots contenant les groupes de lettres in et im. Quels sons peuvent produire ces groupes de lettres ?

2 Lis les mots contenant les groupes de lettres ain et ein. Quels sons peuvent-ils produire ?

3 Relève les lettres qui suivent les lettres in, im, ain ou ein. Que remarques-tu ?

→ Mémo, p. 10

Je m'entraîne

4 Repère l'intrus dans chaque ligne.

a. le chemin • interdit • il distingue • les cousines
b. chimique • immédiatement • timide • impoli
c. le capitaine • la fontaine • les humains • un traîneau
d. une ceinture • les freins • plein • une reine

+ d'exercices, cahier p. 72

Grammaire • L'accord sujet / verbe

a. Cet oiseau chante bien. Les autres chantent mieux.
b. Ce rossignol vit en cage. Les autres vivent en liberté.
c. Il attend son maître. Ils attendent leurs amis.

5 Observe les verbes soulignés des deux phrases a. Pourquoi le verbe n'est-il pas écrit de la même manière ?

6 Observe les verbes des autres phrases.
Comment les verbes s'écrivent-ils à la fin quand ils sont au singulier ? Au pluriel ?

→ Mémo, p. 20

Je m'entraîne

7 Indique si le sujet et le verbe sont au singulier ou au pluriel.

a. Des oiseaux chantent dans la forêt.
b. Il voit même plusieurs oiseaux.
c. Le marchand aperçoit un rossignol.
d. Ils ressemblent tous à son rossignol.

8 Transforme la phrase au pluriel. Attention aux accords !

a. Le marchand achète. → Les ~
b. Le marchand vend. → Les ~

+ d'exercices, cahier p. 73

Conjugaison • Le présent du verbe *être*

– Qui es-tu ?
– Je suis un marchand du Maroc. Êtes-vous aussi des marchands ?
– Oui, nous sommes heureux de vous accueillir.
– Merci ! Je cherche la forêt des rossignols. Savez-vous où elle est ?
– Suivez-nous, ils sont nombreux là-bas.

9 **Relève chaque verbe souligné avec son sujet.**

10 **Quel est l'infinitif des verbes soulignés ?**
Ces verbes sont-ils conjugués au passé, au présent ou au futur ?

→ Mémo, p. 26

Je m'entraîne

11 **Retrouve les formes du verbe être dans les phrases et recopie-les avec leur sujet.**

On est mercredi. Il est trois heures. Quatre enfants sont en train d'organiser un jeu.
– Je suis le clown, dit Léo. Toi, Énora, tu es l'acrobate.
– Nous ne sommes pas les spectateurs, protestent Charlie et Maïa.
– D'accord, répond Léo. Alors vous êtes les animaux de la ménagerie !

+ d'exercices, cahier p. 74

L'ATELIER des mots • Les mots en re-

Dans la forêt où il vivait, le rossignol aimait chanter.
Du matin au soir, il chantait et rechantait le même refrain.
Depuis qu'il était dans sa cage, il ne pensait plus
qu'à revenir en Chine.
Malheureusement, le marchand refusait.
La cage dorée était bien fermée
et il ne pouvait retrouver sa liberté.

12 **Lis le texte et observe les mots soulignés.**

13 **Parmi ces mots, trouve ceux dans lesquels re- veut dire une deuxième fois. Donne leur mot de base.**

→ Mémo, p. xx

Je manipule

14 **Construis de nouveaux mots avec le préfixe re- pour dire que tu fais l'action une seconde fois.**

je ferme • je trouve • je pense

+ d'exercices, cahier p. 75

15 **Change les phrases en construisant des mots nouveaux avec le préfixe re-.**

a. Il a vu l'oiseau.
b. Le rossignol tentait de s'échapper.
c. Ils se perdent en chemin.
d. En sortant de la cage, il est tombé.

pages 90 et 91

Orthographe • Les groupes de lettres *en* et *em*

en		em	
la fenêtre	une antenne	il demande	le premier
une menace	tellement	il demeure	il ressemble
ils parlent	ils vendent	sa femme	semblable
le ventre	ils tiennent	un membre	tellement

1 **Lis ces listes de mots puis indique quels sons peuvent produire les groupes de lettres en et em.**

2 **Relève les lettres qui suivent les lettres en ou em. Que remarques-tu ?**

→ Mémo, p. 10

Je m'entraîne

3 **Repère l'intrus dans chaque ligne.**

a. attention • comment • il s'ennuie • la mienne
b. il rassemble • il remonte • un chemin • un cauchemar
c. elles disent • ils sautent • elles plantent • il est prudent
d. il tremble • le temps • elle remue • on emporte

+ d'exercices, cahier p. 77

Grammaire • La phrase interrogative

Le rossignol interroge le marchand :
– Peux-tu me raconter ton voyage en Chine ?
– Oui, je suis allé dans une forêt et j'ai rencontré un rossignol.
– Est-ce qu'il t'a parlé ?
– Non, il est mort.
– Pourquoi est-il mort ?
– Je ne sais pas.
– Que lui as-tu dit ?
– Je lui ai dit que tu vivais dans une cage en or.

4 **Dans la phrase encadrée, repère le verbe et le sujet. Où est placé le sujet par rapport au verbe ? Pourquoi ?**

5 **Repère les mots au début des autres phrases interrogatives. En connais-tu d'autres pour poser des questions ?**

→ Mémo, p. 20

Je m'entraîne

6 **Transforme ces phrases en questions en inversant le sujet et le verbe.**

a. Tu as une cage en or.
b. Elle était entrouverte.
c. Il est malheureux.
d. Vous aimez cette histoire.

+ d'exercices, cahier p. 78

7 **Utilise ces mots pour poser le plus de questions possible.**

mots interrogatifs : qui • que • où • quand • comment • est-ce que
noms : le marchand • le rossignol
verbes : part • habite • est • fait • a

Conjugaison • Le verbe change (2)

Autrefois, mon rossignol chantait
dans sa cage dorée.
Maintenant, il chante dans le jardin.
Demain, il chantera peut-être avec son frère.

– Je chante pour toi, dit le rossignol.
– Tu chantes librement, répond le marchand.
– Nous chantons ensemble ! s'exclament
le rossignol et le marchand.

8 **Observe la fin des verbes de la bulle orange. À quels temps sont-ils conjugués ?**

9 **À quel temps les verbes de la bulle bleue sont-ils conjugués ? Pourquoi leur fin change-t-elle ?**

→ Mémo, p. 26

Je m'entraîne

10 **Trouve l'intrus dans chaque série.**

laver : je lavais • tu laveras • il lave • nous avions • vous laviez • ils laveront
fêter : je fêterai • tu fêtes • il fêtait • nous fêtons • vous faites • ils fêtaient
crier : je crie • tu criais • il criera • nous écrivons • vous criez • ils crieront

11 **Retrouve les deux formes correspondant à chacun de ces quatre verbes :**

couvrir — ouvrir — courir — couver

il court • elle couvait • tu couvres • je courrai • nous couvrons • on ouvre • ils couvriront • elles couveront • vous ouvrirez

+ d'exercices, cahier p. 79

L'ATELIER des mots • Les mots en in- ou im-

Le rossignol de Chine est incapable de vivre en cage.
Il lui est impossible de rester enfermé.
C'est un oiseau intelligent.
Il joue un bon tour au marchand injuste.

12 **Lis le texte et observe les mots soulignés.**

13 **Parmi ces mots, trouve ceux dans lesquels in- ou im- veut dire le contraire de. Donne leur mot de base.**

→ Mémo, p. 36

Je manipule

14 **Construis de nouveaux mots avec les préfixes in- ou im-.**

supportable • patient • poli • croyable • mobile • utile • connu • discipliné

+ d'exercices, cahier p. 83

L'oiseau bleu

Mon oiseau bleu a le ventre tout bleu
Sa tête est d'un vert mordoré
Il a une tache noire sous la gorge
Ses ailes sont bleues
avec des touffes de petites plumes jaune doré
Au bout de la queue il y a
des traces de vermillon
Son dos est zébré de noir et de vert
Il a le bec noir les pattes incarnats
et deux petits yeux de jais

Il adore faire trempette,
se nourrit de bananes et pousse
un cri qui ressemble au sifflement
d'un tout petit jet de vapeur.

On le nomme le septicolore.

Blaise Cendrars, *L'oiseau bleu*, in *Poésies complètes*

Le Rossignol et l'Empereur,
H. C. Andersen, illustration de Quentin Greban,
Mijade.

Un jour, l'empereur de Chine entend le chant majestueux d'un rossignol et il s'écrie : « Ce rossignol serait le plus beau trésor de mon pays et je n'en ai jamais entendu parler ! » Il exige alors qu'on lui apporte cette merveille. Mais l'oiseau va-t-il chanter pour l'empereur ?

unité 6

Karim, Aïcha et Nadir : enfants du Maroc

Un documentaire sur la vie au Maroc

Nathan

السلام عليكم

Karim, enfant de Fès

Salamaleikoum, je m'appelle **Karim** et j'ai neuf ans. Mon père est médecin et ma mère est professeur de mathématiques. Nous habitons dans un bel appartement à Fès. Fès est l'une des plus anciennes villes du Maroc, elle se trouve dans le nord du pays.

Aujourd'hui, c'est samedi et je n'ai pas école. J'en profite pour rendre visite à mon grand-père.
Pour cela, je dois passer par le souk.
C'est un immense marché aux rues étroites où l'on trouve des boutiques et des ateliers.
Les artisans* sont regroupés par spécialité. On trouve ainsi le secteur des épices, du savon, du cuivre, de la poterie…

Je passe devant les boutiques des potiers
où je m'arrête un instant. Je rêve que ce sont
mes mains qui façonnent l'argile*.
Je me remets en chemin et je quitte le souk
par la porte Boujeloud décorée de céramiques*.

J'arrive sur une place surpeuplée. Mon grand-père est assis
près de la fontaine et me fait un signe de la main. Je cours vers lui.
Il me sourit et me dit : « Karim, aujourd'hui, je t'emmène visiter
le musée Nejjarine. Tu verras tout ce que l'on peut faire avec du bois. »

Lorsque nous arrivons au
musée, je suis émerveillé.
Nous entrons dans une cour
très fraîche. Je lève les yeux
et j'admire la galerie
qui en fait le tour. J'ai hâte
de commencer la visite !

Aïcha, enfant du Haut-Atlas

Bonjour, je m'appelle **Aïcha**, j'ai sept ans et je vis au centre du Maroc dans les montagnes du Haut-Atlas. L'Atlas est la chaîne de montagnes qui traverse le Maroc.

Nos maisons sont construites en pierre avec des toits plats sur lesquels nous faisons sécher certains aliments comme le maïs.

Ma famille est berbère. Le peuple berbère vit depuis très longtemps dans le Haut-Atlas. Nous habitons dans un petit village où il n'y a pas d'école. Je dois marcher tous les jours plusieurs kilomètres pour aller en classe.

Comme beaucoup de Berbères, mon père est un berger. Il parcourt les plateaux surélevés avec son troupeau pour faire paître ses moutons.

Les pièces des maisons sont souvent petites. Elles sont décorées de coussins et de tapis aux couleurs vives.

Dans quelques mois, mon père partira pour la ville d'Imilchil située au centre du Haut-Atlas. Chaque année, en septembre, les bergers de l'Atlas se retrouvent dans cette ville pour une grande foire au bétail*. Là-bas, mon père pourra vendre ses moutons.

Le lion de l'Atlas est plus grand et plus lourd que celui qui vit dans la savane*. Sa crinière est épaisse et en partie noire.

À l'époque de mes grands-parents, les bergers risquaient de rencontrer un lion de l'Atlas. Ce lion n'existe plus à l'état sauvage à cause de la chasse. Mais il y en a encore dans la ménagerie* royale de Rabat…

Aujourd'hui, on peut voir dans les montagnes de l'Atlas des porcs-épics, des renards, des lynx ou encore des léopards de Berbérie.

un porc-épic

un renard

un léopard

un lynx

Nadir, l'enfant du désert

Mon prénom est **Nadir**, j'ai huit ans. J'habite dans la ville de Merzouga, aux portes du Sahara, près de l'erg Chebbi. C'est la plus grande étendue de sable du Maroc. On y trouve des dunes pouvant atteindre 150 mètres de haut.

Aujourd'hui, je ne vais pas à l'école. Je suis avec mon père qui s'occupe de ses dromadaires. Ils sont les rois du désert ! Pendant longtemps, des caravanes* de dromadaires ont sillonné* le pays pour transporter des marchandises. Aujourd'hui, on utilise ces animaux pour promener les touristes dans le désert. Ceux-ci aiment photographier les animaux comme les gerbilles ou les fennecs. Mais, attention, mon père leur répète toujours qu'ils doivent porter des chaussures montantes ! En effet, ils risquent de se faire mordre par des vipères à cornes ou piquer par des scorpions.

un scorpion

une vipère à cornes

Mais moi, ce que je cherche surtout dans le désert, ce sont les roses des sables car je les collectionne. Mon père m'a expliqué qu'une rose des sables est un mélange de petits cristaux* brillants et de grains de sable…

La recette de la rose des sables en chocolat

Pour réaliser une douzaine de roses des sables, il te faut :

- 150 g de corn flakes (pétales de maïs grillés)
- 200 g de chocolat noir
- 140 g de beurre
- 130 g de sucre glace

1 Dans une casserole, fais fondre le beurre et le chocolat noir à feu doux. Demande à un adulte de t'aider.

2 Lorsque le mélange est bien fondu, incorpore le sucre glace.

3 Hors du feu, ajoute les pétales de maïs et mélange le tout délicatement à l'aide d'une cuillère en bois.

4 Forme des petits tas et dépose-les sur une grande assiette. Laisse-les durcir au réfrigérateur avant de déguster !

Bon appétit !

pages 106 et 107

Je comprends la partie

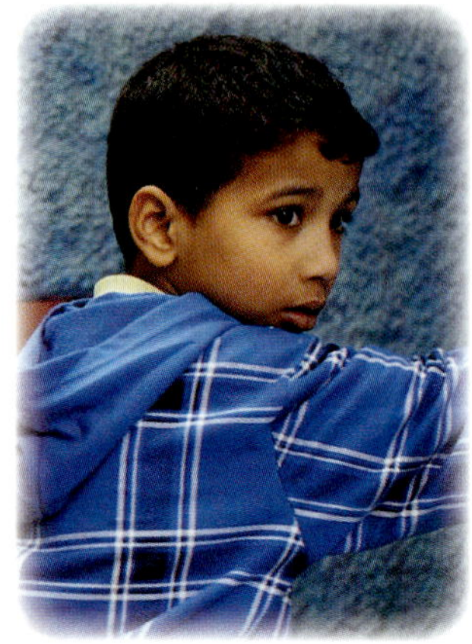

1 Réponds aux questions sur la partie 1.

a. Comment s'appelle le jeune garçon ? Que sais-tu de lui ?
b. À qui va-t-il rendre visite ? Quel endroit traverse-t-il ?
c. Que peut-on trouver dans cet endroit ?
d. Où son grand-père l'emmène-t-il ? Que vont-ils y découvrir ?
e. À ton avis, que signifie « Salamaleikoum » ? Sais-tu à quelle langue appartient ce mot ?

J'apprends des mots nouveaux

2 Observe ces dessins et complète les phrases avec des mots du texte. Explique-les ensuite avec tes propres mots.

a. La place est ~ .

b. Grand-père fait un signe de la ~ .

Je lis à voix haute

3 Lis le texte à voix haute avec le ton qui convient.

Mon grand-père est assis près de la fontaine et me fait un signe de la main. Je cours vers lui. Il me sourit et me dit :
« Karim, aujourd'hui, je t'emmène visiter le musée Nejjarine.
Tu verras tout ce que l'on peut faire avec du bois. »

Je me souviens de la partie

4 VRAI ou FAUX ?

a. Karim est médecin et il vit dans la ville de Fès.
b. La ville de Fès se trouve dans le nord du Maroc.
c. Karim rejoint son grand-père qui habite dans le souk.
d. Les poteries vendues au souk sont en argile.
e. Au musée, Karim va découvrir des poteries de couleur bleue.

5 À quel endroit du documentaire pourrais-tu ajouter cette nouvelle image et ces phrases ?

Je me dirige vers une nouvelle allée du souk et je découvre les boutiques qui vendent des épices. Elles forment de belles petites montagnes multicolores et chatouillent mes narines.

J'écris des phrases

6 Que peut-on découvrir au souk ?

Aide-toi des photographies et des mots de cette liste pour écrire la réponse.

l'argile • des épices • des poteries • des objets

+ d'exercices, cahier p. 81

Je comprends la partie

1 Réponds aux questions sur la partie 2.

a. Dans quelle région Aïcha vit-elle ?
b. Pourquoi doit-elle marcher plusieurs kilomètres pour aller à l'école ?
c. Quel est le métier du père d'Aïcha ? Où se rend-il en septembre ? Pour quelle raison ?
d. Quel animal impressionnant vivait dans cette région autrefois ? Décris-le.
e. Où peut-on en voir aujourd'hui ?

J'apprends des mots nouveaux

2 Associe chaque début de phrase à la fin qui convient.

a. Aïcha marche tous les jours plusieurs kilomètres…
b. Son père parcourt les plateaux avec son troupeau…
c. Les bergers de la région se retrouvent à Imilchil…

1. … pour participer à une grande foire au bétail.
2. … pour aller en classe.
3. … pour faire paître ses moutons.

3 Retrouve le nom de ces animaux.

4 Associe chaque mot à la partie de la photographie correspondante.

Les mots de la montagne

a. un dénivelé
b. une vallée
c. un sommet
d. une montagne
e. des éboulis
f. des randonneurs
g. des terrasses cultivées
h. un chemin muletier

Je me souviens de la partie

5 **Choisis un autre titre qui pourrait convenir pour la partie 2.**

a. Aïcha, une petite bergère
b. Aïcha, une petite fille berbère
c. Aïcha, une petite fille de Fès

6 **Complète avec des mots du texte.**

Aïcha vit dans un ~ du Haut-Atlas. Sa maison en pierre a un toit ~ . Les pièces sont décorées de tapis aux couleurs ~ . Chaque année, son père participe à une grande ~ au bétail.

J'écris un petit texte

7 **Imagine que tu sois allé(e) au Maroc pendant les vacances. Écris une carte postale à un(e) ami(e).**

• **Tu peux commencer ton texte ainsi :**

Bonjour,
Aujourd'hui, j'ai découvert un village des montagnes du Haut-Atlas. J'ai vu...

Des mots pour t'aider

Noms	Verbes		Adjectifs	Autres mots
la vallée les moutons un lynx les tapis	aller visiter découvrir	se promener traverser se balader	immense beau coloré	hier demain après-demain puis

+ d'exercices, cahier p. 86

pages 110 et 111

Je comprends la partie

1 Réponds aux questions sur la partie 3.

a. Où Nadir habite-t-il ?
b. Qui sont les rois du désert ? Pourquoi traversaient-ils le désert avant ?
c. Pourquoi ces animaux sont-ils utilisés aujourd'hui ?
d. Que risque-t-on dans le désert ? Comment peut-on se protéger ?
e. Que collectionne Nadir ? Et toi, collectionnes-tu des objets ? Lesquels ?

Je comprends la recette

f. Que faut-il comme ingrédients pour réaliser ces gâteaux ?
g. Pourquoi appelle-t-on ces pâtisseries des roses des sables ?

J'apprends des mots nouveaux

2 Retrouve dans le texte, page 110, les mots qui correspondent à ces photographies.

Je me souviens de tout le documentaire

3 Réponds aux questions sur l'ensemble du documentaire.

a. Dans quel pays Karim, Aïcha et Nadir habitent-ils ? Décris la région de chacun.
b. Quel est le métier des pères des trois enfants ? Chaque père pourrait-il faire son métier dans une autre région que la sienne ? Explique pourquoi.
c. Quelle région préférerais-tu découvrir ? Pourquoi ?

4 Discute avec tes camarades.

Souviens-toi d'Aïcha qui doit marcher chaque jour plusieurs kilomètres pour se rendre à l'école. Qu'en penses-tu ?
Et toi, comment te rends-tu à l'école ? Combien de temps mets-tu pour y aller ?

+ d'exercices, cahier p. 91

Petit dictionnaire du documentaire

argile nom féminin. Terre très fine mélangée à l'eau pour faire de la poterie ou des briques. *J'ai acheté de l'argile : je vais faire un pot en terre pour la fête des Mères.*

artisan nom masculin. Personne qui fait un travail avec ses mains et qui est son propre patron. *Les potiers sont des artisans.*

bétail nom masculin. Ensemble des gros animaux d'élevage. *Chaque soir, le bétail rentre à la ferme.*

caravane nom féminin. **1.** Groupe de personnes accompagné de dromadaires. *De nombreuses caravanes traversaient le désert autrefois.* **2.** Habitation sur roues tirée par une voiture.

céramique nom féminin. Objet en terre cuite pouvant être peint. *Les murs de la salle de bains sont couverts de carreaux en céramique.*

cristal nom masculin. (pluriel : des **cristaux**) **1.** Verre fin très transparent utilisé pour fabriquer des objets et de la belle vaisselle. *On boit le champagne dans des verres en cristal.* **2.** Roche dure et parfois transparente.

ménagerie nom féminin. Petit zoo. *Dans la ménagerie du cirque, il y avait deux tigres.*

savane nom féminin. Grande prairie des pays chauds. *Le zèbre se nourrit des grandes herbes de la savane.*

sillonner verbe. Parcourir dans tous les sens. *Il a sillonné toute la ville pour retrouver son chien.*

J'utilise le petit dictionnaire

5 **Cherche les mots qui correspondent à ces illustrations dans le petit dictionnaire.**

a. 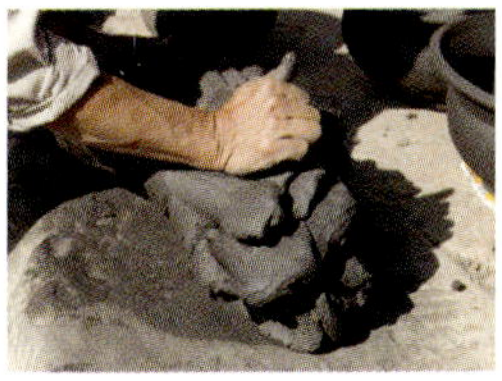

b. 

c. 

6 **Cherche les réponses aux questions dans les articles du petit dictionnaire.**

a. Dit-on un savane ou une savane ? Pourquoi ?
b. Quel nom est un synonyme du mot zoo ?
c. La glaise est une matière collante à base de terre et d'eau mélangées. De quel mot glaise est-il un synonyme ?
d. Dans la phrase suivante, que signifie le mot cristal ?
- *Maman a acheté un vase en cristal.*

7 **Indique entre quels articles du petit dictionnaire doivent être classés les mots suivants.**

vipère • dromadaire • boutique • balade • collection • cuivre

pages 106 et 107

Orthographe • La lettre *r*

il arrive	il va visiter	un atelier	un secteur
il s'arrête	le nord	un marché	une poterie
il va passer	mon père	un potier	une rue
un métier	tu verras	un rocher	vert

1 **Classe les mots en faisant deux listes :**
- dans la première, recopie les mots où la lettre r produit le son [r] ;
- dans la seconde, les mots où la lettre r ne produit pas le son [r].

2 **Dans la seconde liste que tu as faite, quelle lettre est devant la lettre r ? Quel son produisent ces deux lettres ? À quel endroit sont-elles toujours placées ?**

→ Mémo, p. 11

Je m'entraîne

3 **Recopie et complète la fin de ces verbes à l'infinitif par er ou par re.**

apprend… • batt… • hésit… • gard… • viv… • souri… • trouv… • rend…

+ d'exercices, cahier p. 82

Grammaire • La phrase négative

4 **Compare les phrases de Karim et de son ami. Qui prononce des phrases négatives ? Qui prononce des phrases affirmatives ?**

5 **Quels sont les mots que l'on ajoute dans les phrases négatives ?**

→ Mémo, p. 21

Je m'entraîne

6 **Recopie les phrases négatives de ce texte et entoure les mots exprimant la négation.**

À la bibliothèque, on doit respecter le règlement.
On n'a pas le droit de se chamailler. On ne doit rien abîmer.
Il faut rendre le livre à temps. On ne doit jamais déranger les rayonnages.

7 **Transforme ces phrases affirmatives en phrases négatives, et inversement.**

a. La voiture va tout droit.
b. On traverse au feu rouge.
c. Elle ne tourne pas à gauche.
d. Il ne faut jamais mettre sa ceinture.

+ d'exercices, cahier p. 83

Conjugaison • Le futur des verbes en *-er*

8 **Cherche le verbe dans chaque phrase. Quel est son infinitif ?**

9 **À quel temps les verbes sont-ils conjugués ? Relève leurs terminaisons.**

→ Mémo, p. 29

Je m'entraîne

10 **Écris les verbes entre parenthèses au futur.**

a. Le soleil brille puis il se cache. → Le soleil brillera puis il se (cacher).
b. L'orage arrive puis il s'éloigne. → L'orage arrivera puis il s'(éloigner).
c. Vous arrivez puis nous visitons le musée. → Vous arriverez puis nous (visiter) le musée.

+ d'exercices, cahier p. 84

Vocabulaire • Les différents sens d'un mot

atelier nom masculin. **1.** Lieu où les artisans travaillent. **2.** Moment de classe où les élèves travaillent par groupe.

fameux adjectif. **1.** Délicieux. *Le dîner était fameux.* **2.** Célèbre. *Voilà la fameuse plage où le film a été tourné.*

rêver verbe. **1.** Faire un rêve pendant son sommeil. *J'ai rêvé d'une fée.* **2.** Imaginer quelque chose que l'on désire. *Je rêve de devenir pilote.* **3.** Être perdu dans ses pensées. *Écoute la leçon au lieu de rêver !*

11 **À quoi servent les numéros présents dans ces articles de dictionnaire ? Combien de sens a chacun de ces mots ?**

12 **Connais-tu un autre nom qui a plusieurs sens ? Un autre adjectif ? Un autre verbe ?**

→ Mémo, p. 39

Je m'entraîne

13 **À quel sens correspond le mot atelier dans ces deux phrases ?**

a. Après la récréation, on fait des ateliers de lecture en salle informatique.
b. Karim passe devant un atelier de potier.

14 **À quel sens correspondent les mots rêve et fameux dans le texte page 107 ?**

+ d'exercices, cahier p. 85

pages 108 et 109

Orthographe • La lettre *p*

beaucoup	le peuple	un appartement	un téléphone
il apporte	sept	un plateau	une photo
il apprend	septembre	un tapis	une phrase

1 **Classe les mots en faisant trois listes :**
- dans la première, recopie les mots où la lettre p produit le son [p] ;
- dans la deuxième, les mots où la lettre p est muette ;
- dans la troisième, les mots où la lettre p associée à une autre lettre produit un autre son.

2 **Dans la troisième liste que tu as faite, à quelle lettre est associée la lettre p ? Quel son produisent ces deux lettres ?**

→ Mémo, p. 11

Je m'entraîne

3 **Recopie et complète les mots par pp ou par ph.**

un a✤areil • l'al✤abet • un élé✤ant • une na✤e •
une gra✤e • la gri✤e • un dau✤in

+ d'exercices, cahier p. 87

Grammaire • Nom commun / Nom propre

La jeune Aïcha vit au Maroc dans les montagnes de l'Atlas avec sa famille. Comme tous les bergers berbères, son père se rend à Imilchil pour la foire aux moutons, accompagné de son chien Aïdi.

4 **Combien y a-t-il de majuscules dans la première phrase ?**

5 **Certains mots au milieu de la phrase ont une majuscule. Ces mots sont-ils des noms ou des verbes ? Pourquoi ont-ils des majuscules ?**

6 **Cherche des noms qui n'ont pas de majuscule. Sais-tu comment on les appelle ?**

→ Mémo, p. 21

Je m'entraîne

7 **Trouve le nom propre qui convient.**

a. C'est ton pays : ~
b. C'est ton héros préféré : ~
c. C'est ton nom : ~
d. C'est ta ville : ~
e. C'est ton prénom : ~
f. C'est une rivière : ~

+ d'exercices, cahier p. 88

Conjugaison • Le futur du verbe *avoir*

8 **À quel temps sont les verbes dans les phrases ? Quel est l'infinitif des verbes soulignés ?**

9 **Relève les terminaisons de ces verbes et compare-les à celles des verbes de la page 119. Que constates-tu ?**

→ Mémo, p. 29

Je m'entraîne

10 **Écris ces phrases au futur.**

a. J'ai mal aux pieds.
b. Nous avons peur des lions.
c. Ont-elles froid ?
d. A-t-elle toujours du travail ?

+ d'exercices, cahier p. 89

L'ATELIER des mots • Les lettres muettes (1)

Aïcha vit au Maroc avec ses parents
et sa grande sœur.
Son village est entouré de hautes montagnes
qui sont recouvertes de neige en hiver.
Aïcha adore porter sa longue tunique grise.

11 **Lis ce texte et observe les mots soulignés.**

12 **Trouve le mot de base comme dans l'exemple :** *recouvert* → *recouverte*

a. ~ → hautes
b. ~ → grises
c. ~ → grande
d. ~ → longue

• **Par quelles lettres se terminent les mots de base ?**

→ Mémo, p. 37

Je manipule

13 **Complète chaque phrase avec un mot de la même famille que le mot de base.**

étroit → *Les rues sont étroites.*

a. marchand → Dans les souks, il y a de nombreuses ~ .
b. épais → La crinière du lion est ~ .
c. blanc → En hiver, les montagnes sont ~ .

+ d'exercices, cahier p. 90

pages 110 et 111

Orthographe • La lettre *h*

aujourd'hui	hier	la pharmacie	le Sahara
chez Nadir	il cherche	des roches	un chameau
des chaussures	il photographie	le chemin	un éléphant
dehors	une chorale	la géographie	un orchestre

1 **Classe les mots en faisant trois listes :**
- dans la première, recopie les mots où la lettre h est muette ;
- dans la deuxième, les mots où les lettres ch produisent le son [ʃ] ;
- dans la troisième, les mots où les lettres ch produisent le son [k] ;
- dans la quatrième, les mots où la lettre h associée à une autre lettre produit un autre son.

2 **Dans la quatrième liste, quel son la lettre h permet-elle de produire ?**
À quelle lettre est-elle associée ?

→ Mémo, p. 11

Je m'entraîne

3 **Recopie et complète les mots par h, ch ou ph.**

les mat…ématiques • la …aleur • un …oque
la te…nique • un …uit • un dau…in • un télé…one

+ d'exercices, cahier p. 92

Grammaire • L'adjectif

Un vent **fort** souffle sur Merzouga.
Un vent **brûlant** souffle sur le désert.
Un vent **glacial** souffle sur l'Atlas.
Un **léger** vent souffle sur la mer.

4 **À quoi servent les mots en gras qui accompagnent le nom vent ?**
Que se passe-t-il si on les supprime ?

5 **À quel endroit ces adjectifs sont-ils placés par rapport au nom vent ?**

→ Mémo, p. 21

Je m'entraîne

6 **Recopie les adjectifs présents dans les groupes nominaux.**

un petit oiseau • un chien affectueux • un serpent endormi • une énorme araignée noire • un joli poisson argenté • une étrange bête poilue

+ d'exercices, cahier p. 93

7 **Ajoute un ou plusieurs adjectifs à ces noms.**

un clown • un monstre • une sorcière • un chevalier • une fée • un chien

Conjugaison • Le futur du verbe *être*

Demain, je serai dans le désert avec mon père et ses dromadaires. Nous serons très occupés toute la journée.

8 **Repère les deux verbes. Quel est leur infinitif ? À quel temps sont-ils conjugués ?**

9 **En t'aidant des leçons de conjugaison précédentes (pages 119 et 121), complète la conjugaison du verbe être au futur.**

je serai • tu ~ • il ~ • elle ~ • on ~
nous serons • vous ~ • ils ~ • elles ~

→ Mémo, p. 29

Je m'entraîne

10 **Écris les phrases au futur.**

a. Elle est réveillée. b. Ils sont motivés. c. Es-tu en forme ? c. Êtes-vous prêts ?

+ d'exercices, cahier p. 94

L'ATELIER des mots • Les lettres muettes (2)

Le dromadaire est le roi du <u>désert</u>. Pendant longtemps, il a transporté des marchandises dans tout le <u>pays</u>. Les <u>marchands</u> l'utilisaient pour se déplacer. C'est un <u>grand</u> voyageur. Il passe la nuit dans un <u>camp</u> et se couche à <u>plat</u> ventre sur le sable, il ne craint pas le <u>froid</u>.

11 **Observe les mots soulignés. Quelles sont les lettres muettes dans les mots soulignés ?**

12 **Trouve des mots de la même famille, comme dans l'exemple.**

désert → désertique

a. un pays → un pays✤
b. plat → un plat✤
c. froid → la froid✤

• **Que devient la lettre muette des mots de base dans les mots trouvés?**

→ Mémo, p. 39

Je manipule

13 **Trouve la lettre finale muette du mot de base en t'aidant du mot de la même famille.**

bavarder → *bavard*

a. une bordure → un bor✤
b. une porcherie → un por✤
c. un renardeau → un renar✤
d. regarder → un regar✤
e. la grosseur → gro✤
f. une toiture → un toi✤

+ d'exercices, cahier p. 95

La musique au Maroc

Œuvre d'un artiste marocain contemporain représentant un orchestre traditionnel.

un luth marocain

des tambours marocains

La musique du Maghreb,
Azouz Begag, illustration de Nicolas Deban,
Collection Mes Premières Découvertes de la Musique,
Éditions Gallimard Jeunesse.

Zowa est un oiseau qui adore voyager.
Un jour, épuisé et assoiffé, il atterrit dans le désert.
Un jeune garçon le recueille.
Voici une belle histoire, rythmée par la musique du Maghreb.

unité 7

Amour, mon amour

Une pièce de théâtre de Sabine Assouline
illustrée par Charline Picard

Le chêne : choisir un acteur plus grand que les autres ; celui-ci devra travailler sa voix dans les graves*.

Le saule pleureur : personnage triste, sa voix devra être mélancolique, au bord des larmes.

Deux bouleaux : ils seront joués par une fille et un garçon. Leur voix sera empreinte de douceur et d'amour.

Le vent : l'acteur parlera sur le souffle en allongeant les dernières syllabes des mots.

Les fougères : au minimum cinq acteurs. Ils seront très serrés les uns contre les autres, au point que leur feuillage s'emmêle.

La pierre : l'acteur sera statique une bonne partie du spectacle. La voix peut être plaintive.

Cette pièce est dédiée à Karen Lagrang.

Retz

SCÈNE 1

Sur scène, il y a deux bouleaux côte à côte.
Il y a un chêne, une pierre, des fougères et un saule pleureur.
Les deux bouleaux s'animent.*

Bouleau-fille – Tu es là mon Amour, ma douce écorce ?

Bouleau-garçon – Oui, je suis là !

Entre un personnage qui court sur scène.*
Il passe entre chaque personnage.

Le chêne – Oh ! les amoureux ! Arrêtez de secouer vos branches comme ça ! Vous faites trop de bruit ! Ça m'empêche de dormir !

Bouleau-garçon – Ce n'est pas nous, vieux chêne ! C'est le vent qui les fait bouger !

Le chêne – Arrête ta course, le vent, tu m'empêches de dormir !

Le vent – Je ne peux pas, vieux chêne, car j'aime trop courir, courir !

Les fougères – Arrête ta course, le vent, tu embrouilles* notre feuillage !

Le vent – Je ne peux pas, jolies fougères, car j'aime trop courir, courir !

Le saule pleureur – Arrête ta course, le vent, tu assèches mes larmes de sève* !

Le vent – Je ne peux pas, saule pleureur, car j'aime trop courir, courir ! Mais je tourbillonne, je m'abandonne et je respire !

Le vent s'arrête, puis s'assoit près de la pierre.

La pierre – Pourquoi est-ce que tu t'assois à côté de moi, le vent ?

Le vent – Je ne sais pas, la pierre.

La pierre – Tu sais bien que j'ai la roche fragile. Je risque d'attraper froid près de toi.

Le vent – Mais je ne souffle pas mon air sur toi, la pierre !

La pierre – Peut-être mais... même si tu ne cours pas, il y a de l'air qui sort de toi, et il est froid !

Le vent – Froid ? C'est normal, la pierre, car nous approchons de l'hiver.

La pierre – Atchoum ! Je te l'avais dit, le vent. Maintenant, je suis enrhum

Le vent – Alors je vous quitte, enfant de la nature, car j'ai envie de courir, courir, courir. *(Le vent quitte la scène.)*

SCÈNE 2

Le chêne, *soupirant.* – La nuit tarde à venir.

Bouleau-fille – Elle arrive bientôt, vieux chêne, car j'aperçois la lune.

Le chêne – Silence, quelqu'un arrive !

Arrive un garçon. Tous les personnages se figent.*
Il s'approche du bouleau-fille. Puis il dessine sur son tronc une croix.

Le garçon – Demain je t'abattrai, bel arbre. Demain, avec ton bois, je me ferai un arc et des flèches. J'aime bien ton bois, arbre le bouleau.

Il sort. Le bouleau-fille s'écroule presque au sol.

Bouleau-fille et Bouleau-garçon – Nooon !

Bouleau-fille – Je ne veux pas que l'on m'abatte ! Je ne veux pas que l'on déracine ma vie ! Je veux rester avec toi, mon Amour.

Bouleau-garçon – Ma belle écorce, ne pleure pas,
car je resterai toujours près de toi.
Quand l'enfant entrera dans cette forêt,
pour t'enlever à tout jamais,
je lui dirai qu'il ne m'oublie pas,
je lui dirai de m'emmener avec toi,
car tu es mon seul Amour,
le seul et unique pour toujours.

Le saule pleureur, *pleurant.* – C'est trop triste !
Que pouvons-nous faire ?

Les fougères – Nous ne pouvons rien y faire ! Vous êtes des arbres ! Et les arbres meurent avant de vieillir !

Le saule pleureur, *pleurant.* – Ce sont les humains qui écourtent notre jeunesse !

La lumière s'assombrit.

Le chêne – Ne vous inquiétez pas, jeunes bouleaux ! Nous allons trouver une solution !

Les fougères – Il n'y a pas de solution !

Le chêne – Il commence à faire nuit ! La lune se dessine dans le ciel !

Le chêne s'étire, puis se déracine tout seul. Il marche et fait quelques flexions.

Les fougères – Vous exagérez, le chêne ! Il ne fait pas totalement nuit ! Si des humains venaient à passer par là !

Le saule pleureur, *pleurant.* – Ce serait un drame !

La pierre – Aucun humain ne se doute que la nature se déracine chaque nuit afin de faire des balades nocturnes ! Atchoum !

Les fougères – À vos souhaits !

La pierre – Merci !

Le chêne – Si un humain venait à passer, je retournerais à ma place et prendrais de nouveau racine !

Bouleau-fille – Je ne veux pas que l'on utilise mon corps pour faire un arc et des flèches !

Bouleau-garçon – Qu'allons-nous faire ?

SCÈNE 3

Le chêne – Nous allons partir !
Nous allons nous déraciner, marcher dans cette forêt et nous replanter ailleurs.

Le saule pleureur – Mais c'est contre les lois de la nature !

Les fougères – Nous n'avons pas le droit !

Le chêne – Eh bien, tant pis !
Il y en a assez des humains qui abattent les arbres ! Nous allons sauver la vie de cette jeune pousse* ! *(Montrant Bouleau-fille.)*
Nous allons sauver leur amour !
Que tout le monde me suive !

Bouleau-garçon – Nous vous suivons, vieux chêne !

Le chêne – Alors, en route, le jour va se lever dans quelques heures !

Le chêne, les deux bouleaux, le saule pleureur et les fougères (qui râlent) sortent de scène. Reste la pierre. La lumière apparaît de nouveau. Arrive le jeune garçon avec une hache.

Le garçon – Qu'est-ce qui s'est passé ? Je suis pourtant sûr que le bouleau était là !

La pierre – Elle est partie !

Le garçon – Une pierre qui parle ?

La pierre – Oui, je parle ! L'arbre est parti avec son amoureux et ses amis !

Le garçon – Les arbres marchent maintenant ?

La pierre – Oui ! Les arbres marchent, les pierres parlent ! Tu es un méchant garçon ! Mes amis ont eu peur ! Tu voulais les tuer ! Ils sont partis pour que tu ne les assassines pas !

Le garçon – Je ne suis pas un assassin !

La pierre – Si ! Assassin d'arbre ! Assassin d'arbre !

Le garçon – Je ne voulais pas tuer ! Je ne savais pas que les arbres avaient un cœur, qu'ils pouvaient aimer !

La pierre – Maintenant, tu le sais ! Sors de cette forêt avec ta hache ! Et ne reviens que pour te promener !

Le garçon – D'accord ! Pardon, Nature ! Pardon !

Le garçon quitte la forêt, abattu. Arrive le vent.

Le vent – Alors la pierre, tu ne rejoins pas tes amis ?

La pierre – Tu es déjà au courant ?

Le vent – Je suis le vent ! J'entends tout ! Alors, que fais-tu toute seule ?

La pierre – J'ai du mal à rouler, je me fais vieille !

Le vent – Allons, la pierre, partons à leur recherche, je vais t'aider !

Le vent souffle sur la pierre, qui se déplace.

La pierre – Si tu souffles sur moi, le vent, je vais finir par tousser !

Le vent – Tu auras tout le temps de te soigner !

Il souffle sur elle jusqu'à ce qu'ils quittent la scène.

Amour, mon amour, Sabine Assouline, © Éditions Retz, 2005.

pages 126 et 127

Je comprends la scène

1 Réponds aux questions sur la scène 1.

a. Qui sont les personnages de cette pièce de théâtre ? Sont-ils tous des végétaux ?
b. Pourquoi l'auteur donne-t-il des précisions sur les personnages en page 125 ?
c. Qui sont les deux arbres amoureux ?
d. Qu'indiquent les groupes de mots en gras ?
e. Pourquoi la pierre ne souhaite-t-elle pas que le vent vienne s'asseoir à côté d'elle ?
f. À quoi servent les phrases écrites en italique ?

J'apprends des mots nouveaux

2 Explique ces phrases avec tes propres mots.

a. **Le vent** – Je tourbillonne, je m'abandonne et je respire.
b. **Le saule pleureur** – Tu assèches mes larmes de sève.
c. **La pierre** – J'ai la roche fragile.

Je lis à voix haute

3 Avec un(e) camarade, lis le dialogue entre la pierre et le vent avec le ton qui convient.

Le vent – Je ne peux pas, saule pleureur, car j'aime trop courir, courir ! Mais je tourbillonne, je m'abandonne et je respire !

La pierre – Pourquoi est-ce que tu t'assois à côté de moi, le vent ?

Le vent – Je ne sais pas, la pierre.

La pierre – Tu sais bien que j'ai la roche fragile.
Je risque d'attraper froid près de toi.

Le vent – Mais je ne souffle pas mon air sur toi, la pierre !

La pierre – Peut-être mais... même si tu ne cours pas, il y a de l'air qui sort de toi, et il est froid !

Je me souviens de la scène

4 Remets les évènements de l'histoire dans l'ordre qui convient.

a. Soudain, la pierre éternue. Elle s'est enrhumée !
b. Le vent apparaît et tourbillonne au milieu des personnages.
c. Alors le vent va s'asseoir à côté de la pierre.
d. Mais le chêne, les fougères et le saule pleureur se plaignent de lui.

5 Associe le début de la phrase à la fin qui convient.

a. Le vent embrouille les feuillages…
b. Il assèche les larmes de sève…
c. Il fait bouger les branches…
d. Il va s'asseoir à côté de…

1. … la pierre.
2. … des bouleaux.
3. … du saule pleureur.
4. … des fougères.

6 VRAI ou FAUX ?

a. Le chêne ne peut pas dormir car les bouleaux parlent trop fort.
b. En tourbillonnant, le vent embrouille le feuillage des fougères.
c. Il y a de l'air chaud qui sort du vent.
d. Le vent est froid car c'est la fin de l'automne.

J'écris des phrases

7 Écris deux ou trois phrases pour décrire le saule pleureur. Explique pourquoi on le nomme ainsi. Aide-toi des mots de la liste.

un tronc • un feuillage •
une allure • des feuilles •
triste • des branches

+ d'exercices, cahier p. 98

pages 128 et 129

Je comprends la scène

1 Réponds aux questions sur la scène 2.

a. Qui pénètre dans la forêt au début de la scène ? Que fait-il ? Pourquoi ?
b. Comment le bouleau-fille réagit-elle ? Quelle décision le bouleau-garçon prend-il ?
c. Qui souhaite trouver une autre solution ?
d. Que se passe-t-il soudain quand la lune apparaît ?
e. Que penses-tu de cette nature qui se déracine chaque nuit pour se promener ?

J'apprends des mots nouveaux

2 Remets chaque phrase dans l'ordre qui convient puis explique-la avec tes propres mots.

a. qui écourtent | notre jeunesse. | Ce sont les humains
b. pour faire un arc et des flèches. | Je ne veux pas | que l'on utilise mon corps

3 Trouve les verbes de l'histoire qui décrivent ces deux illustrations.

• ~ un arbre.

• ~ un arbre.

4 Associe chaque mot à la partie de l'illustration qui convient.

Les mots du théâtre

a. la scène
b. le décor
c. les comédiens
d. les costumes
e. les spectateurs
f. les coulisses
g. les éclairages
h. le souffleur
i. le rideau

Je me souviens de la scène

5 **VRAI ou FAUX ?**

a. Le garçon choisit le bouleau-garçon pour se fabriquer un arc et des flèches.
b. Le saule pleureur se met à pleurer.
c. Le bouleau-garçon dit un poème à son amoureuse.
d. Les fougères se sont enrhumées et éternuent.
e. Le chêne se déracine et fait quelques exercices de gymnastique.

6 **Quels personnages prononcent les phrases suivantes ?**

a. « Je ne veux pas qu'on utilise mon corps pour faire un arc et des flèches ! »
b. « Demain je t'abattrai, bel arbre. »
c. « Ne vous inquiétez pas, jeunes bouleaux ! Nous allons trouver une solution ! »
d. « Ma belle écorce, ne pleure pas. »

J'écris un petit texte

7 **Imagine la solution que le chêne va proposer à ses amis. Pour t'aider, réponds à ces questions.**

a. Que peut faire le bouleau-fille pour éviter d'être coupé ?
b. Comment les autres peuvent-ils aider les deux bouleaux ?
c. Où peuvent-ils aller ?

• **Tu peux commencer ton texte ainsi :**

Le chêne propose à ses amis...

Des mots pour t'aider

Noms	Verbes		Adjectifs	Autres mots
une cachette	se transformer	marcher	étonné	rapidement
une forêt	se déraciner	courir	stupéfait	doucement
le garçon	se cacher	s'enfuir	nocturne	silencieusement
les humains	se sauver	suivre		ensemble

+ d'exercices, cahier p. 103

pages 130 et 131

Je comprends la scène

1 Réponds aux questions sur la scène 3.

a. Quelle décision le chêne prend-il ?
b. Qui n'est pas d'accord avec lui ? Pourquoi ?
c. Finalement, quels personnages se déracinent ?
d. Sur quel ton la pierre parle-t-elle au garçon ? Pourquoi ?

J'apprends des mots nouveaux

2 Explique ces phrases avec tes propres mots.

a. Le garçon quitte la forêt, abattu.
b. Le vent est déjà au courant.
c. La pierre se fait vieille.

Je me souviens de toute l'histoire

3 Réponds aux questions sur l'ensemble de l'histoire.

a. Dans cette pièce de théâtre, pourquoi les arbres et les humains sont-ils ennemis ?
b. Qu'y a-t-il d'impossible dans cette histoire ?
c. Aimerais-tu jouer cette pièce de théâtre avec des camarades ?
Quel personnage voudrais-tu être ?

4 Associe chaque description à l'illustration qui convient.

①

②

③

④

a. Le chêne est grand et fort.
b. Les bouleaux ont un tronc fin, tacheté de blanc.
c. Le saule pleureur a des branches qui retombent jusqu'au sol.
d. Les fougères sont des plantes qui ont de longues feuilles vertes très découpées.

5 Discute avec tes camarades.

Pourquoi les hommes abattent-ils les arbres des forêts ?
Pourraient-ils arrêter de les abattre ?

+ d'exercices, cahier p. 108

Petit dictionnaire
de l'histoire

animer (s') verbe. Se mettre à bouger, à vivre. *Grâce au marionnettiste, la marionnette s'anime.*

embrouiller verbe. Emmêler, mettre en désordre. *Le chat a joué avec les pelotes de laine. Les fils sont tout embrouillés.*

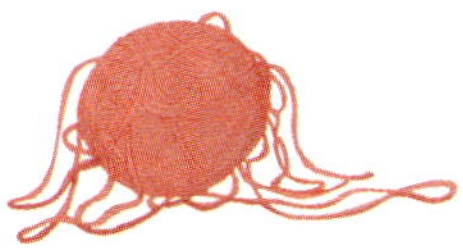

figer (se) verbe. Devenir immobile. *À cause du froid, l'eau du bassin s'était figée, formant un bloc de glace.*

grave adjectif. **1.** Désigne un son bas, profond, qui n'est pas aigu. *Il chante avec une voix très grave.* **2.** Ennuyeux, préoccupant. *La situation est grave.* **3.** Sérieux. *Il prend un air grave.*

pousse nom féminin. Partie d'une plante qui commence à pousser. *J'ai planté des radis. Les premières pousses sont déjà sorties de terre.*

scène nom féminin. **1.** Partie du théâtre où jouent les acteurs. *Les comédiens entrent et sortent de la scène.* **2.** Partie du texte d'une pièce. *Je dois apprendre toute la scène 2 de la pièce pour demain.* **3.** Discussion animée entre deux personnes. *Léo a fait une scène à Marie parce qu'elle est arrivée en retard à la gare.*

sève nom féminin. Substance liquide et collante qui nourrit les végétaux. *Au printemps, la sève monte dans les arbres.*

J'utilise le petit dictionnaire

6 Cherche les mots manquants dans le petit dictionnaire.

a. À la fin de la pièce, les acteurs s'avancent sur la ~ pour saluer.
b. Ce personnage est complètement immobile. Soudain, il ~ .
c. J'avais laissé mon pull sur une branche. Il est devenu collant à cause de ~ .

7 Cherche les réponses aux questions dans les articles du petit dictionnaire.

a. Dit-on **un pousse** ou **une pousse** ? Pourquoi ?
b. Dans ces deux pages, un verbe est le contraire d'un autre. De quels verbes s'agit-il ?
c. Quel mot a deux sens différents ? Lequel a trois sens différents ?
d. Dans cette phrase, à quel sens se rapporte le mot **scène** ?
• *Dans la première scène, l'auteur présente les personnages.*

8 Indique entre quels articles du petit dictionnaire doivent être classés les mots suivants.

vent • bouleau • fougère • chêne • saule • façon

pages 126 et 127

Orthographe • La lettre t

il attrape	un effet	une position	une tache
un bonnet	en haut	il quitte	un acteur
cette plante	un objet	la patience	le vent
un costume	un point	une solution	il est vêtu

1 **Classe les mots en faisant trois listes :**
- les mots où la lettre t produit le son [t] ;
- les mots où la lettre t est muette ;
- les mots où la lettre t produit un autre son.

2 **Dans la troisième liste, quel son produit le groupe de lettres et. Quel son produit la lettre t devant la lettre i ?**

→ Mémo, p. 12

Je m'entraîne

3 **Recopie et complète la fin des mots par et ou par ette.**

du viol✤ • une viol✤ • la poul✤ • le poul✤ •
un boul✤ • une boul✤ • ce gal✤ • cette gal✤

+ d'exercices, cahier p. 99

Grammaire • Les accords dans le groupe nominal (1)

On voit des enfants déguisés en arbres. Deux comédiens différents font les bouleaux blancs. Un grand garçon joue le rôle d'un chêne imposant. La pierre triste est jouée par un acteur immobile. Les fougères mécontentes ont leur feuillage emmêlé.

4 **Repère les adjectifs dans les groupes nominaux soulignés.**

5 **Quelle lettre identique retrouves-tu à la fin de certains adjectifs ? Explique pourquoi.**

6 **Relève le nom avec lequel s'accorde chaque adjectif.**

→ Mémo, p. 22

Je m'entraîne

7 **Trouve l'adjectif et précise s'il est au singulier ou au pluriel.**

le superbe costume • ses racines énormes • trois chênes gigantesques
un temps gris • leur vieux tronc • de vraies branches

8 **Récris les groupes nominaux au singulier ou au pluriel.**

des bouleaux tachetés • une tache brune • des costumes élégants
une jolie feuille • des grands arbres • une voix triste

+ d'exercices, cahier p. 100

Conjugaison • Le présent / Le futur

Une fille et un garçon joueront le rôle des bouleaux. Ils auront un habit blanc. Leurs voix seront pleines de douceur.

Un garçon joue le rôle du chêne. Il a un habit sombre. Sa voix est grave.

9 **Repère les verbes de ces deux descriptions. Cherche leur sujet.**

10 **À quel temps est écrite la première description ? Et la seconde ?**

→ Mémo, p. 30

Je m'entraîne

11 **Récris la première description au présent et la seconde au futur.**

+ d'exercices, cahier p. 101

Vocabulaire • L'ordre alphabétique (3)

1. à	**11.** bien	**21.** elle	**31.** tard
2. ailleurs	**12.** bientôt	**22.** hélas	**32.** tes
3. après	**13.** car	**23.** hier	**33.** ton
4. assez	**14.** chez	**24.** ici	**34.** tôt
5. au	**15.** comme	**25.** il	**35.** toujours
6. aujourd'hui	**16.** comment	**26.** ils	**36.** tout
7. aussi	**17.** d'accord	**27.** jamais	**37.** toute
8. aussitôt	**18.** dans	**28.** je	**38.** très
9. autant	**19.** davantage	**29.** la	**39.** trop
10. avant	**20.** dehors	**30.** le	**40.** une

12 **Dans quelle colonne mettrais-tu les mots suivants : un, et, debout, ces, alors ?**

13 **Entre quels mots mettrais-tu les mots suivants : eux, dedans, tu, autour ?**

14 **Entre quels mots mettrais-tu les mots suivants : aux, d'abord, autrefois, tous ?**

→ Mémo, p. 40

Je m'entraîne

15 **Recopie chaque couple de mots en respectant l'ordre alphabétique.**

dame / danse • enfin / enfant • armoire / arme

16 **Recopie chaque groupe de trois mots en respectant l'ordre alphabétique.**

grosse / grise / grasse • canon / canapé / canard

+ d'exercices, cahier p. 102

pages 128 et 129

Orthographe • La lettre s (1)

il assèche	un épisode	les fougères	il respire
la base	des flèches	il passe	tu retourneras
mon corps	jamais	un personnage	le silence
tu déracines	la jeunesse	une position	toujours

1 **Classe ces mots en faisant trois listes :**
- les mots où la lettre s produit le son [s] ;
- les mots où la lettre s est muette ;
- les mots où la lettre s produit le son [z].

2 **Quelles autres lettres peuvent aussi produire le son [s] ?**

→ Mémo, p. 12

Je m'entraîne

3 **Lis ces mots et indique si la lettre s produit le son [s] ou le son [z].**

il saisit • un habit usé • ils s'amusent • une serveuse • il dispose • une saison • un musicien • il assiste • il résiste • il se déshabille • suffisant

+ d'exercices, cahier p. 104

Grammaire • Les accords dans le groupe nominal (2)

- un arbre géant
- une branche géante
- des arbres géants
- des branches géantes

4 **Repère les adjectifs dans les groupes nominaux.**

5 **Que remarques-tu à la fin des adjectifs ? Explique pourquoi.**

6 **Avec quel mot du groupe nominal l'adjectif s'accorde-t-il ?**

→ Mémo, p. 22

Je m'entraîne

7 **Trouve l'adjectif et précise s'il est au masculin ou au féminin.**

mon seul amour • des bouleaux inquiets • des fougères polies • une lune brillante • des humains terribles • une pierre savante • de sombres nuits • un jeune garçon • un chêne déraciné

8 **Récris les groupes nominaux au féminin ou au masculin.**

un acteur brillant • des comédiennes connues • une spectatrice attentive • un artiste heureux

+ d'exercices, cahier p. 105

Conjugaison • Le présent de *dire* et *faire*

Le garçon dit : « Demain, j'abattrai cet arbre. »
Les bouleaux font de la peine à tous leurs amis. Le saule pleureur fait triste mine. Les fougères disent qu'il n'y a rien à faire.
Mais le chêne déclare : « Vous dites des bêtises ! Chers bouleaux, vous vous faites trop de souci. Nous trouverons une solution ! »

9 **Trouve l'infinitif des verbes soulignés. À quel temps sont-ils conjugués ? Relève ces verbes avec leur sujet.**

10 **Cherche les autres formes conjuguées de ces verbes au présent.**

dire	faire
je ~	je ~
tu ~	tu ~
nous ~	nous ~

→ Mémo, p. 30

Je m'entraîne

11 **Trouve le ou les pronoms qui conviennent.**

a. ~ **fais** du théâtre.
b. ~ **disons** une réplique.
c. ~ **faites** un spectacle.

12 **Complète avec les verbes faire ou dire au présent.**

a. ~ **-tu** souvent la vaisselle ?
b. ~ **-il** toujours la vérité ?
c. Chaque soir, **je** ~ mes devoirs tout seul.

+ d'exercices, cahier p. 106

L'ATELIER des mots • Construis des mots de la même famille

J'ai mis le mot de base **marche** dans la machine.
Et j'ai construit les mots suivants :
marcher – marcheur – remarcher !

13 **Observe comment Croque-Lignes a construit des mots.**

→ Mémo, p. 40

Je manipule

14 **Construis le plus de mots de la même famille en passant les trois mots de base dans la machine.**

+ d'exercices, cahier p. 107

Orthographe • La lettre s (2)

des arbres	il tousse	les humains	une phrase
il blesse	ils ont	nous allons	une pousse
il essaye	le passé	un assassin	une ruse
il se dresse	le résultat	un voisin	vous êtes

1 **Classe les mots en faisant deux listes :**
- les mots où on entend le son [s] ;
- les mots où on entend le son [z].

2 **Observe les mots avec le son [s]. Quelles sont les lettres qui encadrent les groupes de lettres ss ? Comment se prononceraient ces mots si l'on ne mettait qu'un seul s ?**

→ Mémo, p. 12

Je m'entraîne

3 **Recopie et complète les mots par la lettre s ou par le groupe de lettres ss.**

une u…ine • des ci…eaux • une mou…tache • une bo…e • une chan…on • il con…ole • une chai…e • un pou…in

+ d'exercices, cahier p. 109

Grammaire • Éviter la répétition du sujet (1)

a. Le chêne – Je me déracine. Je marche dans la forêt. Je me replante ailleurs.

b. Le chêne – Je me déracine, marche dans la forêt et me replante ailleurs.

4 **Combien de phrases le chêne dit-il dans la bulle a ? Et dans la bulle b ?**

5 **Compare les phrases des deux bulles. Que remarques-tu ?**

6 **Comment les trois actions sont-elles liées entre elles dans les phrases a ?**

7 **En ne faisant qu'une seule phrase, quel mot le chêne évite-t-il de répéter ?**

→ Mémo, p. 22

Je m'entraîne

8 **Regroupe ces phrases en une seule pour éviter la répétition.**

Le garçon s'approche. Le garçon cherche partout. Le garçon repart.

9 **Transforme cette longue phrase en trois petites phrases.**

La pierre bouge, se met à rouler et part rejoindre ses amis.

+ d'exercices, cahier p. 110

Conjugaison • Le présent de *aller* et *venir*

– Nous allons partir, dit le chêne. Que tout le monde me suive !
– Nous venons ! disent les bouleaux. Et toi, saule pleureur, viens-tu ?
– Je viens avec vous. Vous venez les fougères ?
– Où allez-vous ? demandent-elles.
– Moi, je vais où les autres vont, dit le saule pleureur.

10 **Trouve l'infinitif des verbes soulignés. Combien y a-t-il de verbes différents ?**

11 **Relève les verbes avec leur sujet puis cherche les formes conjuguées qui manquent.**

→ Mémo, p. 30

Je m'entraîne

12 **Trouve le ou les pronoms qui conviennent.**

a. ~ vas au théâtre.
b. ~ vient avec toi.
c. ~ va au musée.
d. ~ viens avec eux.

+ d'exercices, cahier p. 111

13 **Choisis la forme verbale qui convient.**

– Où ~ -tu ce soir ? (va/vas/viens/vient)
– Au cinéma. Est-ce que Lisa ~ aussi ? (va/vas/viens/vient)
– Non, elle ~ rester à la maison avec Fatou et Nella. (va/vas/viens/vient) Elles ~ vers huit heures. (va/vont/vient/viennent)

L'ATELIER des mots • Construction avec un mot de base modifié (1)

- un pommier
- un prunier
- un fraisier
- un feuillage
- un arbrisseau
- un poirier

14 **Observe les mots de la liste. Peux-tu trouver leur mot de base ?**

15 **Trouve comment sont construits les mots ci-dessous.**

la justice • la déchirure • incassable

16 **Construis d'autres mots avec les suffixes :**

ice able ure

→ Mémo, p. 40

Je manipule

17 **Construis le mot de la même famille qui permet de compléter la phrase.**

a. la police – Le ~ arrête cette voiture.
b. une amande – L'arbre dont le fruit est l'amande s'appelle un ~ .
c. une caisse – La ~ travaille au supermarché.

+ d'exercices, cahier p. 112

D'autres œuvres à découvrir

L'épicéa

Non non non
Trois fois non
En dépit de son nom
L'épicéa
Ne produit pas
D'épices
Vous trouvez ça bizarre
Dites-moi (au hasard)
Si monsieur Leroi
Est roi
Si madame Labiche
Est biche
Si les enfants Prunier
Sont prunes
Si mon oncle Justin
Est teint
Si ma tante Agnès
Est nièce

Jean-Claude Touzeil,
extrait de *Peuples d'arbres*,
éditions Donner à voir.

Pour faire une table

Pour faire une table,
il faut du bois
Pour faire du bois,
il faut un arbre
Pour faire un arbre,
il faut une graine
Pour faire une graine,
il faut un fruit
Pour faire un fruit,
il faut une fleur
Pour faire une table,
il faut une fleur

Gianni Rodari,
Extrait de l'album *Il faut une fleur*,
© Éditions Rue du monde,
© Edizioni EL (Italie)
pour la version originale.

***Les minuscules*,**
de Roald Dahl, illustration de Patrick Benson,
Collection Folio Cadet.

Mais qu'y a-t-il de si terrible dans la Forêt Interdite ? Petit Louis aimerait le savoir, mais sa maman lui a formellement interdit d'y aller. Pourtant, un jour, Petit Louis n'y tient plus. Il pénètre dans le bois sombre et secret ! Après bien des frayeurs, il va découvrir… les Minuscules !

unité 8

La vie secrète des arbres

Un documentaire sur les arbres et les forêts du monde

Nathan

Les forêts boréales

Les forêts tempérées

Les forêts tropicales

La forêt

La forêt est un grand espace où poussent beaucoup d'arbres. On trouve des forêts dans le monde entier, sauf dans les régions les plus froides (comme au pôle Nord) ou les plus sèches (comme les déserts). Les forêts les plus anciennes se sont formées il y a plusieurs millions d'années bien avant l'arrivée des hommes. Toutes les forêts ne se ressemblent pas. Selon le climat* d'une région (les températures chaudes ou froides, les pluies, le vent…), certaines essences* d'arbres vont pousser et donner des forêts très variées.

Les forêts boréales

On les trouve dans des régions du monde où il fait très froid.

Forêt de pins et de sapins au Canada.

Les forêts tempérées

Elles sont situées dans des régions où il y a quatre saisons.

Forêt de chênes en France.

Les forêts tropicales

On les rencontre dans des régions où il fait chaud et très humide.

Forêt de palmiers en Malaisie.

La vie d'un arbre

L'arbre naît, grandit et meurt en restant à la même place.

1. Si une graine se retrouve sur un sol terreux, un peu d'eau suffit à la faire germer* : une première racine s'enfonce dans la terre.

2. Une première tige s'élance vers le ciel et les feuilles commencent à apparaître. Les racines se développent dans le sol.

3. Année après année, la tige se transforme en un tronc solide et des branches se forment.

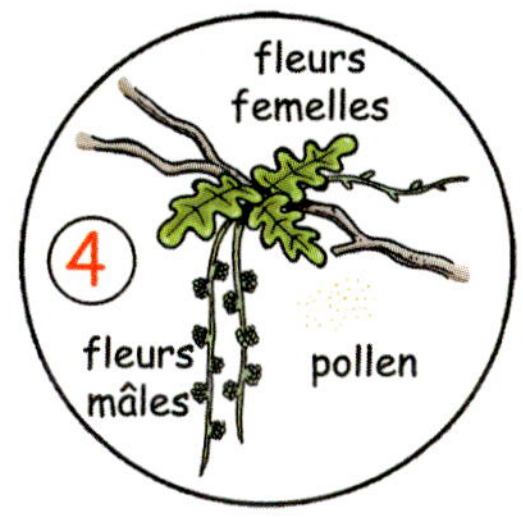

4. Quand l'arbre fleurit, les fleurs femelles reçoivent le pollen* des fleurs mâles. Elles deviennent des fruits qui contiennent des graines.

5. Les fruits mûrs tombent à terre et libèrent les graines qui vont bientôt donner naissance à d'autres arbres. Ces graines peuvent être déplacées par le vent ou par les animaux de la forêt.

6. L'arbre peut mourir de vieillesse mais aussi parce qu'il a subi une grande sécheresse ou encore s'il a été foudroyé pendant un orage.

Comment reconnaît-on les différents arbres ?

Il existe deux grandes familles d'arbres : les **feuillus** et les **conifères**.

Les **feuillus** ont des feuilles plates et à nervures. Elles sont caduques* : elles tombent à l'automne et repoussent au printemps. Ainsi, en hiver, l'arbre est au repos.
Les feuilles sont simples ou composées, et peuvent avoir des formes très différentes.

la feuille du hêtre

la feuille du chêne

la feuille du marronnier

la feuille du frêne

Les **conifères** ont des feuilles persistantes* : ce sont des aiguilles qui tombent et qui repoussent tout au long de l'année. Un conifère n'est jamais « tout nu » comme peut l'être un feuillu. Ces arbres donnent des fruits en forme de cône.

les aiguilles du sapin

les aiguilles du pin sylvestre

- Sais-tu de quel arbre provient chacun de ces fruits ?

(1)

(2)

(3)

(4)

Les arbres du monde

Le séquoia

C'est l'arbre le plus haut du monde !
Il peut dépasser 100 mètres de haut.
Et, dans certains cas, il faut que 17 personnes se donnent la main pour en faire le tour.

Le chêne

Majestueux, le chêne peut vivre plus de 1 000 ans.

Le cerisier du Japon

Sa floraison est l'occasion de célébrer l'arrivée du printemps au Japon.

L'hévéa

Il produit un liquide de couleur blanche (le latex). Il sert à fabriquer du caoutchouc.

Le dattier

Dans une grappe de fruits, il peut y avoir jusqu'à 1 500 dattes.

Le baobab

Il peut contenir 9 000 litres d'eau.
Ainsi, il survit sous un climat très chaud.

L'ébénier

L'ébéniste utilise son bois noir précieux, l'ébène, pour fabriquer des meubles.

L'eucalyptus

Il existe plus de 600 espèces d'eucalyptus.
C'est un arbre frileux que le gel peut tuer.
Le koala adore manger ses feuilles parfumées.

De l'arbre… à ton bureau

Les hommes ont toujours coupé les arbres des forêts pour construire des maisons, des bateaux, fabriquer des meubles, du papier, des crayons, des jouets…

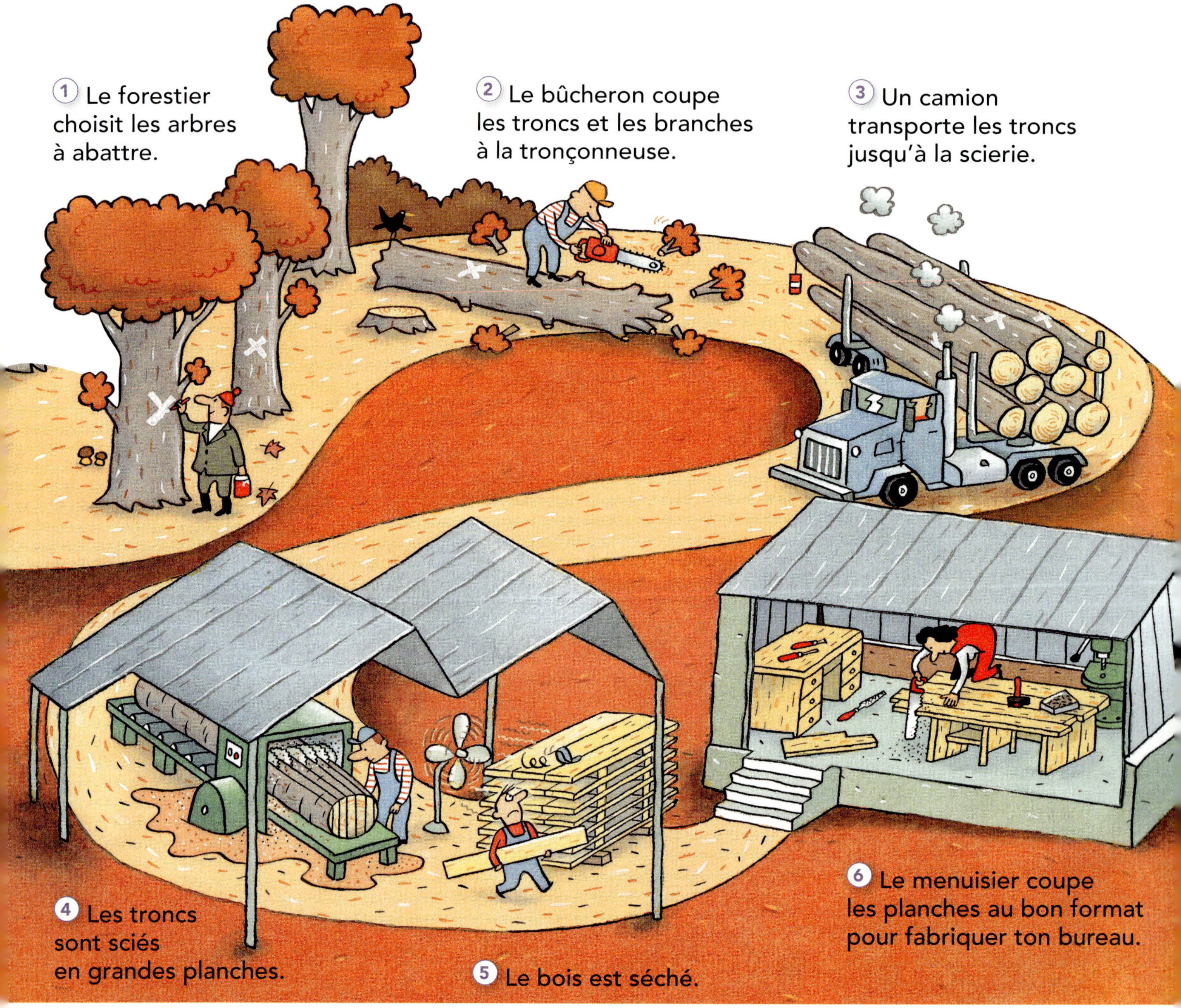

Dans certaines régions du monde, comme en Amazonie ou en Tasmanie, les hommes coupent trop d'arbres et détruisent les forêts. On appelle cela la déforestation*. C'est une vraie menace pour les animaux et les plantes, mais aussi pour les gens qui y vivent.

Protéger les forêts, c'est protéger les hommes !

Une interview de Yann Arthus-Bertrand

© Erwan Sourget

Pourquoi les hommes détruisent-ils les forêts ?

Les hommes détruisent les forêts principalement parce qu'ils ont besoin de nouvelles terres pour l'agriculture. Les arbres servent aussi à fabriquer du papier et des meubles, à se chauffer, à construire des maisons… Trop souvent, ils sont coupés car personne n'est là pour les protéger et pour nous rappeler à quel point ils sont importants.

Pourquoi la Terre a-t-elle besoin des forêts ?

Ce n'est pas seulement la Terre qui a besoin des forêts, c'est surtout nous, les Hommes ! Les forêts purifient l'air que nous respirons et l'eau que nous buvons. Elles fournissent de la nourriture que nous mangeons, des plantes qui servent à fabriquer des médicaments et aussi du bois.

Peut-on replanter des forêts ?

Bien sûr, de nombreux pays le font. La Chine, par exemple, a planté des milliards d'arbres. Mais les forêts plantées par les hommes sont moins variées que les forêts naturelles. La biodiversité* y est beaucoup moins riche. Mais c'est souvent mieux que rien.

Que deviennent les animaux quand on détruit une forêt ?

Il faut savoir que la moitié des animaux de la planète vit dans des forêts. Quand une forêt est détruite, la plupart des animaux qui y vivaient meurent. C'est donc une autre raison pour protéger les forêts. De plus, il y a plein d'animaux encore inconnus qui vivent dans les forêts. Ils disparaîtront avant même d'être découverts et on ne saura jamais à quoi ils ressemblaient.

Comment protéger les animaux ?

La meilleure manière de protéger les animaux, c'est de protéger leur environnement, c'est-à-dire les forêts. Il faut créer des réserves, des zones protégées. Mais il y a d'autres manières de protéger les animaux et les forêts, et chacun peut trouver la sienne. Par exemple, en faisant attention aux produits qu'on achète car maintenant on peut savoir s'ils proviennent d'une forêt bien gérée.

Nouvelle plantation de palmiers à huile près de Pundu, Bornéo, Indonésie. © *Yann Arthus-Bertrand /Altitude-Paris.*

pages 146 et 147

Je comprends la partie

1 Réponds aux questions sur la partie 1.

a. Dans quelles parties du monde n'y a-t-il pas de forêt ? Pourquoi ?
b. Pour quelles raisons les forêts ne sont-elles pas les mêmes partout ?
c. Dans quelles régions du monde trouve-t-on des forêts boréales ? Des forêts tempérées ? Des forêts tropicales ?
d. De quoi une graine a-t-elle besoin pour germer ?
e. Quelles sont les trois raisons qui peuvent provoquer la mort d'un arbre ? En connais-tu d'autres ?

2 Précise dans quelles forêts on peut trouver ces arbres.

a. sapin
b. palmier
c. chêne

1. forêt tropicale
2. forêt tempérée
3. forêt boréale

J'apprends des mots nouveaux

3 Explique avec tes propres mots.

a. Des forêts très variées.
b. Une région très humide.
c. Un sol terreux.

Je lis à voix haute

4 Lis à voix haute avec le ton qui convient.

Toutes les forêts ne se ressemblent pas.
Selon le climat d'une région (les températures chaudes ou froides, les pluies, le vent…), certaines essences d'arbres vont pousser et donner des forêts très variées.

Je me souviens de la partie

5 Associe chaque début de phrase à la fin qui convient.

a. Les forêts tempérées se situent…
b. Les forêts tropicales se trouvent…
c. Les forêts boréales poussent…

1. … dans les régions où il fait froid.
2. … dans les régions où il y a quatre saisons.
3. … dans les régions où il fait très chaud et très humide.

6 Retrouve la fin de la phrase qui convient.

a. La forêt est un grand espace où poussent
- beaucoup d'arbres.
- quelques arbres.

b. Les forêts les plus anciennes se sont formées…
- il y a plusieurs centaines d'années.
- il y a plusieurs milliers d'années.
- il y a plusieurs millions d'années.

7 Associe chaque mot à la partie de l'arbre qui correspond.

a. les racines
b. le tronc
c. les fruits
d. les branches
e. le feuillage

8 Remets les étapes de la croissance de l'arbre dans l'ordre qui convient.

a. Une première tige se dresse vers le ciel et les feuilles commencent à apparaître.
b. Année après année, la tige se transforme en un tronc solide et des branches se forment.
c. La graine germe. Une première racine s'enfonce dans la terre.

J'écris une phrase

9 Parmi les trois forêts de la page 146, laquelle préfères-tu ? Pourquoi ?
Utilise des mots de cette liste pour répondre à cette question.

humide • chaud • froid • tempéré • les chênes • les palmiers • les sapins

+ d'exercices, cahier p. 113

pages 148 et 149

Je comprends la partie

1 Réponds aux questions sur la partie 2.

a. Comment appelle-t-on les deux grandes familles d'arbres ?
b. Quelles sont leurs différences ? Quels arbres ne sont jamais « nus » ?
c. Connais-tu des arbres dont les feuilles sont simples ?
Des arbres dont les feuilles sont composées ?
d. Cherche le nom de deux arbres remarquables : le premier pour son âge avancé, le deuxième pour la largeur de son tronc et sa hauteur.

J'apprends des mots nouveaux

2 Explique avec tes propres mots.

a. L'eucalyptus est un arbre frileux.
b. Le chêne est majestueux.

3 À l'aide de la page 149, retrouve le nom de ces arbres.

4 Associie chaque mot à la partie du dessin qui correspond.

Les mots des sous-bois

a. les fougères
b. la mousse
c. un champignon
d. le lierre
e. le muguet
f. les mûres
g. les fraises des bois

- **Que peut-on voir d'autre dans un sous-bois ?**

Je me souviens de la partie

5 **À quel endroit du documentaire pourrais-tu ajouter ces phrases ?**

Beaucoup de conifères produisent un liquide collant et odorant.
C'est de la résine. On les appelle aussi des résineux.

6 **Retrouve dans quelle région du monde ces arbres poussent.**

a.	b.	c.	d.	e.	f.
le baobab	le dattier	le chêne	l'eucalyptus	le séquoia	l'ébénier

1	2	3	4	5	6
Asie	Afrique	Europe	Australie	Amérique du Sud	Amérique du Nord

J'écris un petit texte

7 **Observe cette photo, puis écris un petit texte pour décrire ce que tu vois.**

Un séquoia en Californie.

- **Tu peux commencer ton texte ainsi :**

En Amérique du Nord, on peut découvrir…

Des mots pour t'aider

Noms	Verbes		Adjectifs	Autres mots
un séquoia une voiture un passage un tunnel	traverser creuser tailler	respecter conduire rouler	géant gigantesque original	doucement attentivement

+ d'exercices, cahier p. 118

pages 150 et 151

Je comprends la partie

1 Réponds aux questions sur la partie 3.

a. Que fabrique-t-on avec du bois ? Qu'est-ce qui est en bois dans la classe ? Et dans ta chambre ?
b. Quels sont les métiers que l'on peut exercer en forêt ? Qui travaille le bois dans son atelier ?

Je comprends l'interview

c. Comment appelle-t-on le fait de détruire les forêts ? Pourquoi les hommes font-ils cela ?
d. Pour quelles raisons la forêt est-elle si utile à l'homme ?

J'apprends des mots nouveaux

2 Retrouve le nom du métier qui correspond à chaque dessin.

a. un bûcheron
b. un garde forestier
c. un menuisier

①

②

③

Je me souviens de tout le documentaire

3 VRAI ou FAUX ?

a. On trouve des forêts dans les déserts chauds.
b. Les forêts tropicales sont très humides.
c. Un arbre meurt toujours de vieillesse.
d. Les feuillus perdent leurs feuilles en hiver.
e. Le panda adore les feuilles d'eucalyptus.
f. C'est dans une scierie que les troncs sont découpés en planches.

4 Discute avec tes camarades.

Et toi, es-tu déjà allé(e) te promener dans la forêt ?
Quel comportement doit-on avoir pour respecter ce lieu ?

+ d'exercices, cahier p. 123

Petit dictionnaire du documentaire

biodiversité nom féminin. Diversité des êtres vivants présents dans un endroit. *Dans les forêts tropicales, la biodiversité est très riche.*

caduc, caduque adjectif. Se dit des feuilles d'un arbre qui tombent à l'automne et repoussent au printemps. *Le platane a des feuilles caduques.*

climat nom masculin. Ensemble des phénomènes météorologiques d'une région. *Le climat des îles tropicales est chaud et humide.*

déforestation nom féminin. Action qui consiste à détruire la forêt. *La déforestation de l'Amazonie est de plus en plus importante.*

essence nom féminin. **1.** Carburant. *On met de l'essence dans la voiture.* **2.** Espèce d'arbres. *Dans ce parc, on trouve plusieurs essences d'arbres (des chênes, des marronniers…).*

germer verbe. Commencer à grandir et à se transformer. *Les graines que j'ai plantées commencent à germer.*

persistant adjectif. **1.** Qui résiste, qui dure longtemps. *Pour courir un kilomètre sans s'arrêter, il faut faire un effort persistant.* **2.** Se dit des feuilles d'un arbre qui ne tombent pas en automne.

pollen nom masculin. Poudre très fine qui s'échappe des plantes pour permettre leur reproduction. *Les insectes et le vent transportent le pollen d'une fleur à l'autre.*

J'utilise le petit dictionnaire

5 Cherche les mots manquants dans le petit dictionnaire.

a. Pour couper un arbre, il faut mettre de l' ~ dans la tronçonneuse.
b. De nombreuses personnes sont allergiques au ~ des plantes.
c. Les feuilles de chêne tombent en automne car elles sont ~.
d. La ~ est plus riche en forêt qu'en ville.

6 Cherche les réponses aux questions dans le petit dictionnaire.

a. Quel est l'adjectif contraire de persistant ?
b. Dit-on une essence ou un essence ? Pourquoi ?

7 Indique à quel endroit du petit dictionnaire doivent être classés les mots suivants.

séquoia • baobab • hévéa • chêne • dattier • eucalyptus • ébénier

Orthographe • La lettre c

ancien	comment	une parcelle	il a reçu
beaucoup	l'essence	une place	sec
blanc	un hameçon	un cygne	un tronc
le ciel	un insecte	recouvert	tropical

1 **Classe les mots en faisant trois listes :**
- les mots où la lettre c produit le son [k] ;
- les mots où la lettre c est muette ;
- les mots où la lettre c ou ç produit un autre son.

2 **Dans la troisième liste, quelles lettres suivent la lettre c ? Quel son produit la lettre c quand elle est suivie de ces lettres ?**

→ Mémo, p. 13

Je m'entraîne

3 **Lis ces mots et précise à quel son correspond la lettre c ou la lettre ç.**

un Franc • la France • un Français • un croc • un parc •
un tronc • une tronçonneuse • un porc • porcin • il est déçu

+ d'exercices, cahier p. 114

Grammaire • Éviter la répétition du sujet (2)

Le chêne peut vivre très longtemps. Mais un jour, le chêne devient trop vieux. Alors, le chêne meurt.

Le chêne peut vivre très longtemps. Mais un jour, il devient trop vieux. Alors, cet arbre meurt.

4 **Compare les deux textes. Qu'est-ce qui change ?**

5 **Dans le texte de la bulle verte, comment a-t-on évité les répétitions ? Par quels mots ? À quelles catégories grammaticales ces mots appartiennent-ils ?**

→ Mémo, p. 23

Je m'entraîne

6 **Remplace la répétition par un pronom.**

a. La forêt est composée d'arbres. La forêt pousse presque partout.
b. On trouve deux sortes de déserts. Les déserts peuvent être chauds ou froids.

7 **Remplace la répétition par un autre nom qui a un sens plus général.**

a. Le Sahara est rempli de sable. On ne trouve pas d'arbres dans le Sahara.
b. J'ai planté des tulipes. Il a gelé et mes tulipes sont mortes.

+ d'exercices, cahier p. 115

Conjugaison • L'imparfait des verbes en *-er*

8 **Repère les verbes dans chaque phrase. À quel temps sont-ils conjugués ? Quel est leur infinitif ?**

9 **En t'aidant de la terminaison des verbes de la BD, complète la conjugaison du verbe tomber à l'imparfait.**

je tomb…	nous tomb…
tu tomb…	vous tomb…
il/elle/on tomb…	ils/elles tomb…

→ Mémo, p. 31

Je m'entraîne

10 **Choisis le pronom qui convient.**

a. (il / tu / ils) retrouvais
b. (je / ils / vous) commenciez
c. (je / elle / ils) germaient
d. (on / tu / je) développait
e. (j' / nous / ils) enfoncions

+ d'exercices, cahier p. 116

Vocabulaire • Les homophones

a. Il y a des mûres près du mur.
b. Mon père regarde la forêt avec sa paire de jumelles.

11 **Dans chaque phrase, il y a deux homophones, c'est-à-dire deux mots qui se prononcent de la même façon. Relève-les et donne le sens de chacun.**

→ Mémo, p. 41

Je m'entraîne

12 **Choisis parmi ces homophones le mot qui manque dans la phrase.**

mûres ou murs : Les [~] de cette vieille maison sont gris.
père ou paire : Quand il fait froid, j'enfile une [~] de gants.

13 **Trouve les sens de ces homophones. Écris une phrase avec chaque mot.**

dans / dent • fil / file • court / cour • lait / laid

+ d'exercices, cahier p. 117

pages 148 et 149

Orthographe • Les lettres *c*, *k* et *q*

il accuse	cinq	un kiwi	quelques livres
Afrique	d'accord	un perroquet	il quitte
caduque	un kaki	quand	un technicien
une chorale	un kilo	quatre	un ticket

1 **Classe les mots en faisant trois listes :**
- les mots où on entend le son [k] avec présence de la lettre c ;
- les mots où on entend le son [k] avec présence de la lettre k ;
- les mots où on entend le son [k] avec présence de la lettre q.

2 **Quand on entend le son [k], quelles lettres accompagnent parfois les lettres c, q et k ?**

→ Mémo, p. 13

Je m'entraîne

3 **Recopie et complète le début des mots par k ou par qu.**

le ✤atrième • un ✤oala • ✤elle • un ✤angourou •
un ✤ilomètre • ✤elquefois • ✤inze • un ✤ayak

+ d'exercices, cahier p. 119

Grammaire • Les marques du dialogue (1)

– Mon feuillage est plus beau que le tien, dit le chêne au sapin.
– Comment peux-tu dire cela ? Mes aiguilles sont magnifiques.
– Oui, mais à côté de mes belles feuilles découpées, elles ne valent rien.
– Peut-être, mais les tiennes tombent.
– Cessez de vous disputer, dit une fleur. Vous êtes splendides tous les deux !

4 **Combien de personnages parlent ? Qui sont-ils ?**

5 **Quelles sont les phrases prononcées par chacun d'eux ? Comment sait-on qui parle ? Quel signe montre qu'il y a un changement de personnage ?**

→ Mémo, p. 23

Je m'entraîne

6 **Recopie ce dialogue en utilisant des tirets.**

C'est moi le plus fort, dit le séquoia au roseau. C'est vrai mais je suis plus mince que toi. Je suis aussi le plus grand et le plus solide. Tu n'es pas le plus solide. Si la tempête souffle, tu seras arraché tandis que moi, je plierai sans me briser.

+ d'exercices, cahier p. 120

Conjugaison • L'imparfait du verbe *avoir*

nous | tu | vous | il | elles | j'

av-

-ait | -ais | -iez | -ions | -aient | -ais

7 **Avec ces étiquettes, reconstitue l'ensemble de cette conjugaison.**

8 **Quel est l'infinitif de ce verbe ? À quel temps est-il conjugué ?**

→ Mémo, p. 31

Je m'entraîne

9 **Trouve le ou les pronoms qui conviennent.**

a. Avait- ~ chaud ?
b. Aviez- ~ froid ?
c. Avaient- ~ faim ?
d. Avais- ~ peur ?
e. Avions- ~ soif ?

+ d'exercices, cahier p. 121

10 **À quel temps le verbe avoir est-il conjugué : présent, futur ou imparfait ?**

a. On aura de belles feuilles vertes.
b. Elles ont des formes différentes.
c. J'aurai des fruits.
d. Nous avons froid en hiver.
e. Tu avais de belles épines.
f. Vous aviez chaud en été.

L'ATELIER des mots • Construction avec un mot de base modifié (2)

• un camionneur • un prisonnier • une citronnade • un patineur • un magasinier • un collage

11 **Observe les mots de la liste et cherche les mots de base correspondants.**

12 **Explique comment sont fabriqués les mots de la liste.**

→ Mémo, p. 41

Je manipule

13 **Trouve les noms de métiers à partir des mots de base.**

un poisson • un jardin • un conte

+ d'exercices, cahier p. 122

pages 150 et 151

Orthographe • La lettre *g* (1)

une araignée	il germe	long	du sang
un champignon	un gorille	un orage	un sanglier
une châtaigne	une graine	une région	un tigre
des gens	grand	il allonge	des végétaux

1 **Classe les mots en faisant quatre listes :**
- **les mots où la lettre g produit le son [g] ;**
- **les mots où la lettre g produit le son [ʒ] ;**
- **les mots où la lettre g est muette ;**
- **les autres mots.**

2 **Quel son retrouve-t-on dans tous les mots de la quatrième liste ? Comment s'écrit-il ?**

→ Mémo, p. 13

Je m'entraîne

3 **Recopie et complète les mots par la lettre g ou par le groupe de lettres gn.**

un ga…e • j'ai ga…é • un si…e • un sin…e • du bei…e •
il se bai…e • la monta…e • le monta…e

+ d'exercices, cahier p. 124

Grammaire • Les marques du dialogue (2)

Le chêne dit au sapin : « Mon feuillage est plus beau que le tien ! »
Ce dernier répond : « Comment peux-tu dire cela ? Mes aiguilles sont magnifiques. »
Le chêne reprend : « Oui, mais à côté de mes belles feuilles découpées, elles ne valent rien ! »
Cela énerve le sapin qui s'écrie : « Peut-être, mais les tiennes tombent. »
C'est alors qu'une fleur intervient : « Cessez de vous disputer, dit-elle.
Vous êtes splendides tous les deux ! »

4 **Comment repère-t-on qu'un personnage parle ?**

5 **Quel verbe introduit les paroles dans la première phrase ? Quels synonymes de ce verbe peux-tu relever dans le texte ?**

6 **À la fin du dialogue, quels sont les mots prononcés par la fleur ?**

→ Mémo, p. 23

Je m'entraîne

7 **Transforme ce dialogue avec tirets en dialogue avec guillemets.**

– Qui détruit les forêts ? demande l'enfant au spécialiste.
– Ce sont les hommes.
– Mais ce n'est pas bien !
– Tu sais, les hommes ont besoin de bois pour se chauffer ou construire des maisons.

+ d'exercices, cahier p. 125

Conjugaison • L'imparfait du verbe *être*

nous — il — vous — elles — tu — j'

ét-

-iez — -ais — -ait — -ions — -aient — -ais

8 **Avec ces étiquettes, reconstitue l'ensemble de cette conjugaison.**

9 **Quel est l'infinitif de ce verbe ? À quel temps est-il conjugué ?**

→ Mémo, p. 31

Je m'entraîne

10 **Trouve le ou les pronoms qui conviennent.**

a. Était- ~ seul ?
b. Étiez- ~ là-bas ?
c. Étaient- ~ malades ?
d. Étais- ~ paniqué ?
e. Étions- ~ ici ?
f. Étais- ~ heureuse ?

+ d'exercices, cahier p. 126

L'ATELIER des mots • Construction avec un mot de base modifié (3)

- la forêt • affamé • le forestier
- la faim • la déforestation • la gouttelette
- la goutte • la famine • la gouttière

11 **Observe les mots de la liste et trouve ceux qui sont de la même famille.**

- **Qu'est-ce qui t'a aidé à trouver ?**

→ Mémo, p. 41

Je manipule

12 **Pour chaque famille de mots, trouve le mot de base.**

a. la folie • folle • affoler : ~
b. baigner • la baignade : ~

13 **Trouve deux mots de la même famille à partir du mot de base donné.**

a. méchant → ~
b. une couleur → ~

+ d'exercices, cahier p. 127

D'autres œuvres **à découvrir**

Les jardins du château de Villandry

L'écologie, coll. « Mes p'tites questions »,
de Stéphanie Ledu, illustrations de Stéphane Frattini,
Milan Jeunesse.

« Écologie », c'est un mot que l'on entend souvent. Mais que veut-il dire exactement ? En ouvrant ce livre, tu découvriras de nombreuses questions que tu t'es sans doute déjà posées, ainsi que des réponses claires.

Plume-Rouge

Un récit écrit par Michel Piquemal
et illustré par Marcelino Truong

Nathan

La tribu vient de dresser son campement dans la grande prairie couverte de petites fleurs blanches et jaunes. Et pour Plume-Rouge, comme pour tous les enfants de son âge, c'est le début d'une grande fête. De tous les coins de la prairie, des groupes de guerriers se rejoignent pour le grand rassemblement de printemps. De nombreux clans* sont déjà arrivés. Plume-Rouge n'en croit pas ses yeux. Jamais il n'a vu une si grande foule. C'est certainement la plus belle fête depuis bien des années.

Il y a beaucoup d'Indiens lakotas comme lui, mais aussi de nombreuses tribus qui ne parlent pas sa langue : des Blackfeet, des Comanches et des Cheyennes et même quelques Pawnees, ces étranges guerriers qui ont le crâne rasé.

Durant une lune entière, ce ne sera que troc* et échanges, fêtes, chants et danses… Son frère, Tonnerre-Grondant, deviendra un brave* parmi les braves en subissant l'épreuve de la terrible Danse du Soleil. Plume-Rouge peut être fier.

Dès le matin, le jeune Indien quitte sa famille pour aller se promener parmi les campements des diverses tribus. Dans une cage d'osier, il voit un aigle qu'une vieille femme nourrit de morceaux de viande. Plus loin, des corbeaux apprivoisés répètent ce que leur dit un vieux chaman* cheyenne. Il passe un long moment à observer ce prodige*.
Il continue sa balade, attiré sans cesse par de nouvelles merveilles : un loup tenu au bout d'une corde, un concours de tir à l'arc, une épreuve de force entre guerriers… Le jeune garçon ne sait plus où poser les yeux. Il y a tant à voir !

Soudain, il s'aperçoit qu'il est arrivé, au milieu du campement crow, les ennemis jurés des Lakotas. Il les reconnaît à leurs coiffes. Cela lui rappelle que ces terribles guerriers ont sûrement dans leurs tentes des scalps* lakotas, rapportés après des combats meurtriers…
À cette pensée, Plume-Rouge ne peut s'empêcher de frissonner et il est bien près de faire demi-tour.

Plume-Rouge sait pourtant qu'il n'a rien à craindre. Lors des rassemblements de printemps, une trêve* est décidée et les pires ennemis peuvent même fumer ensemble le calumet* de la paix. Pourtant, il n'est pas rassuré.
Mais, quand il voit qu'une belle fille de son âge le regarde droit dans les yeux, il redresse la tête. Il est un Lakota et doit en être fier, surtout dans le camp des Crows. La fille quitte ses amis et s'approche avec un sourire :
– Tu veux jouer avec nous ? Nous commençons une partie de crosse*.
C'est alors qu'un garçon surgit, le regard plein de colère :
– Tu n'as pas vu ses habits ? Il ne peut pas jouer. Il n'est pas des nôtres !
La fille répond avec malice* :
– Et alors, Loup-Renard, tu as peur d'un Lakota ? Je te croyais plus courageux !
Loup-Renard hausse les épaules et saisit brusquement Plume-Rouge par la main :
– Viens, toi… Nous allons voir ce que valent les jeunes braves de ton peuple.
Qui sait, un jour, peut-être, je porterai ton scalp au bout de ma lance…
Il ricane, imité par les autres enfants.

ÉPISODE 2

Face à l'insulte de Loup-Renard, Plume-Rouge ne s'énerve pas. Il préfère accepter l'invitation. Il sait qu'il doit faire honneur à son peuple et se lance dans la partie avec tout son courage. La balle vole, projetée d'un bout à l'autre du camp à coup de pied ou de crosse, en direction des buts adverses. À plusieurs reprises, le jeune Lakota se retrouve face à Loup-Renard. Leurs crosses se cognent durement. Vers la fin du jeu, alors que les équipes sont à égalité, Plume-Rouge passe la balle entre les jambes de son « ennemi » et marque le but décisif. La jeune fille court le féliciter ; tandis que Loup-Renard, moqué par ses camarades, s'éloigne avec des yeux qui lancent des éclairs.

– Je crois que tu l'as humilié*, lui murmure-t-elle. S'il pouvait, il t'arracherait le cœur avec ses dents ! Mais je ne suis pas fâchée. Ce grand orgueilleux n'a que ce qu'il mérite. Reviens nous voir demain. Je te montrerai des choses que tu n'as certainement jamais vues ! Je m'appelle Luciole. Mon père et ma mère sont des gens très respectés dans notre tribu. Tu n'as pas à avoir peur de nous.

Trop fier, Plume-Rouge ne répond pas.

Très tôt, le lendemain, il prépare son poney. Il lui peint, sur les flancs, un bel « oiseau-tonnerre » puis part en direction du campement crow. Sur sa monture, il essaie d'imiter l'allure noble et tranquille des grands guerriers de sa tribu. Luciole l'attend. Impatiente, elle manque de le faire tomber en le tirant par les pieds. Comme une tornade, elle l'entraîne par la main vers le grand tipi* de sa famille. Au passage, ils croisent Loup-Renard, mais ils font comme s'ils ne le voyaient pas…

Luciole veut lui montrer le travail de sa mère. C'est une des meilleures brodeuses de la tribu. Elle fabrique de véritables merveilles avec des piquants de porc-épic : des bracelets, des sacs à pipe et une gaine* de couteau toute brodée et décorée de petits lacets de cuir. Plume-Rouge n'a jamais rien vu d'aussi beau dans sa tribu ! Les Crows ne sont donc pas seulement des guerriers sanguinaires !… comme on le dit parmi les siens. Leurs femmes, elles aussi, savent broder, et même mieux que sa mère et ses tantes. Quelle découverte !

Luciole lui montre enfin une ceinture qu'elle vient de terminer elle-même. Avec des piquants de couleurs différentes, elle a représenté un grand ciel étoilé. Plume-Rouge la trouve magnifique.

– Luciole, déclare Plume-Rouge, un jour, tu deviendras aussi habile que ta mère.

La jeune fille rougit du compliment puis elle propose à son ami d'aller chevaucher dans la grande prairie. Ils font la course jusqu'à un gros arbre mort. Ensuite, Plume-Rouge lui montre comment, au grand galop, il est capable de cueillir des fleurs au vol. Luciole applaudit et, à son tour, elle se met debout sur son poney tandis qu'il avance au petit trot.

– Et ça, tu sais le faire ? demande la petite Indienne. Mais il n'a même pas le temps de lui répondre qu'un nuage de poussière s'approche à vive allure. Et en quelques minutes, les voilà encerclés par une foule de guerriers crows.

ÉPISODE 3

Il y a de la bagarre dans l'air. Six guerriers font cabrer* leurs chevaux pour impressionner leur adversaire. Loup-Renard est parmi eux. Il désigne Plume-Rouge :

– C'est lui qui l'a volé ! Je l'ai vu traîner dans notre campement. C'est un Lakota. Il veut nous offenser*.

Plume-Rouge est ramené au grand galop vers le camp où règne une grande agitation. Des guerriers crient, des femmes pleurent ! On a volé le sac-médecine de la tribu, celui que les chamans se transmettent depuis toujours… Pour le peuple crow, cet objet est sacré car il leur apporte le bonheur et la gloire. Et un jeune Lakota aurait eu l'audace de le leur voler !

Le ton monte. Les guerriers se font de plus en plus menaçants. Plume-Rouge reçoit même quelques pierres lancées par une bande d'enfants. Mais voilà que le grand chaman sort de sa tente. Il arrête les cris d'un geste et fait asseoir l'accusé et tous les guerriers en cercle. C'est le père de Luciole. Il emmène sa fille dans son tipi pour la questionner et interroger les esprits.

Pendant ce temps, Plume-Rouge n'en mène pas large, tout seul au milieu de ces hommes en colère. Soudain, un groupe de guerriers lakotas, emmené par son frère Tonnerre-Grondant, arrive au grand galop. Certains brandissent des tomahawks*. Des couteaux apparaissent. À cet instant, Luciole bondit hors de la tente et se place entre les deux groupes. Elle a confiance dans la sagesse de son père. Alors, dans un silence de mort, les deux clans s'installent face à face, attendant le jugement du chaman.

Quand celui-ci reparaît, un murmure s'élève.
Sans un mot, le père de Luciole se dirige vers la tente de Loup-Renard et en ressort avec le sac-médecine. Tous les regards se tournent alors vers celui-ci. Les guerriers crows, rabaissés devant leurs propres ennemis, sont prêts à lui fendre le crâne.
Mais, cette fois, c'est Plume-Rouge qui prend la parole. Il explique que c'est lui qui a été injustement accusé. C'est donc à lui de décider de la punition. Les guerriers crows acceptent, certains que le garçon demandera la pire des tortures pour Loup-Renard.

Mais Plume-Rouge a réfléchi. Il a compris que le garçon a agi par jalousie. Il aime sans doute Luciole en secret. Alors, le jeune Lakota propose à tous les guerriers d'oublier ce qu'il s'est passé et les invite à une grande partie de crosse.
Le père de Luciole apprécie la sagesse du garçon :
– Plus tard, déclare-t-il, j'aimerais bien que ma fille partage sa vie avec un brave tel que toi.
Plume-Rouge s'en va, en rougissant, pour rejoindre l'équipe des joueurs de crosse. Mais juste avant le début de la partie, Luciole s'approche de lui. Avec un sourire plein de tendresse, elle lui passe autour de la taille la belle ceinture brodée…

pages 166 à 168

Je comprends l'épisode

1 Réponds aux questions sur l'épisode 1.

a. Comment s'appelle le personnage principal ? À quelle tribu appartient-il ?
b. À quelle saison se fait le rassemblement ? Que se passe-t-il durant celui-ci ?
c. Pourquoi le jeune garçon a-t-il envie de faire demi-tour quand il se retrouve au milieu du campement crow ?
d. Qui vient alors à sa rencontre ? Que propose-t-elle ?
e. Qui est Loup-Renard ? Que penses-tu de son attitude ?
f. À ton avis, comment la partie de crosse va-t-elle se dérouler ?

J'apprends des mots nouveaux

2 Explique ces phrases avec tes propres mots.

a. La tribu dresse son campement.
b. Tonnerre-Grondant va subir l'épreuve de la Danse du Soleil.
c. Les Crows sont les ennemis jurés des Lakotas.

Je lis à voix haute

3 Lis ce texte à voix haute en repérant les attitudes des personnages. Utilise le ton qui convient pour les faire parler.

La fille quitte ses amis et s'approche **avec un sourire** :
– Tu veux jouer avec nous ? Nous commençons une partie de crosse.
C'est alors qu'un garçon surgit, **le regard plein de colère** :
– Tu n'as pas vu ses habits ? Il ne peut pas jouer. Il n'est pas des nôtres !
La fille répond **avec malice** :
– Et alors, Loup-Renard, tu as peur d'un Lakota ?
Je te croyais plus courageux !

Je me souviens de l'épisode

4 **Remets les évènements de l'histoire dans l'ordre qui convient.**

a. Il hésite à faire demi-tour, ne se sentant pas très rassuré.
b. Mais, soudain, une jeune Indienne lui propose de faire une partie de crosse.
c. Ce matin-là, les tribus installent leur campement pour participer à la grande fête du printemps.
d. Plume-Rouge se promène et s'étonne de tout ce qu'il voit.
e. Il s'aperçoit alors qu'il est dans le campement des Crows, les ennemis de sa propre tribu.

5 **VRAI ou FAUX ?**

a. Les Cheyennes sont des guerriers au crâne rasé.
b. Tonnerre-Grondant est le grand-père de Plume-Rouge.
c. Plume-Rouge reconnaît les Indiens lakotas grâce à leurs coiffes.
d. Loup-Renard, le jeune Indien crow, souhaite devenir l'ami de Plume-Rouge.
e. Lors des rassemblements de printemps, la guerre est déclarée.

6 **Retrouve ce que Plume-Rouge voit dans la grande prairie. Associe le début à la fin qui convient.**

a. des corbeaux…
b. un loup…
c. un concours…
d. une épreuve de force…

1. … de tir à l'arc
2. … apprivoisés
3. … entre guerriers
4. … tenu au bout d'une corde

J'écris des phrases

7 **Écris deux ou trois phrases pour expliquer ce que font les Indiens pendant la fête du printemps.**

Tu peux utiliser des mots de cette liste.

des échanges • des tribus • se rassembler • des danses • des chants

+ d'exercices, cahier p. 128

pages 169 à 171

Je comprends l'épisode

1 Réponds aux questions sur l'épisode 2.

a. Pourquoi Plume-Rouge accepte-t-il de participer à la partie de crosse ?

b. Comment la jeune Indienne réagit-elle quand il marque le but décisif ? Que lui propose-t-elle ensuite ?

c. Que fabrique la mère de Luciole ?

d. Pourquoi la jeune Indienne rougit-elle ?

e. Penses-tu que les deux enfants sont en train de devenir amis ? Pourquoi ?

J'apprends des mots nouveaux

2 Retrouve les différents objets brodés cités dans l'histoire.

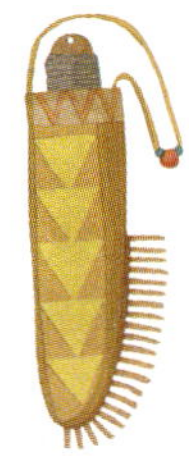

3 Complète ces phrases avec des mots de l'histoire.

a. Plume-Rouge gagne la partie de crosse car il marque le but ~ .

b. Loup-Renard pense être le meilleur, c'est un garçon ~ .

c. Luciole réalise de belles broderies, elle deviendra aussi ~ que sa mère.

4 Associe chaque mot à la partie du dessin qui convient.

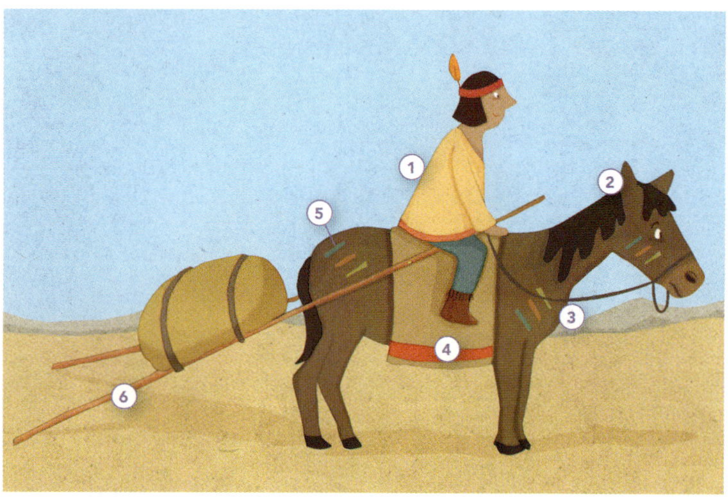

Les mots sur le cheval indien

a. un mustang (petit cheval indien)
b. des peintures de guerre
c. un tapis de selle
d. les travois (permet au cheval de tirer de lourdes charges)
e. un cavalier
f. les rênes

Je me souviens de l'épisode

5 À quel moment de l'histoire pourrais-tu ajouter ces nouvelles phrases ?

Plume-Rouge n'est pas rassuré, il se demande ce que tous ces hommes leur veulent. Mais il ne veut pas passer pour un faible, alors il se ressaisit en pensant fièrement à sa tribu.

6 Remets les évènements de l'histoire dans l'ordre qui convient.

a. Mais, soudain, une foule de guerriers crows les encercle.
b. Puis, sur leur poney, ils font la course dans la grande prairie.
c. Le lendemain, elle lui fait découvrir les magnifiques broderies de sa mère.
d. Plume-Rouge gagne la partie de crosse et Luciole le félicite.

7 Trouve le titre qui convient à chaque page de l'épisode 2.

a. D'habiles cavaliers
b. Le but décisif
c. De superbes broderies

1. page 169
2. page 170
3. page 171

J'écris un petit texte

8 Imagine le dernier épisode de Plume-Rouge.
Pour t'aider, réponds d'abord à ces questions.

a. Quel Indien crow est jaloux de Plume-Rouge ?
b. Que pourrait-il inventer pour faire du mal à Plume-Rouge ?
c. Quels personnages pourraient venir en aide au jeune Indien lakota ?

Tu peux commencer ton texte ainsi :

Parmi les guerriers crows, Plume-Rouge reconnaît Loup-Renard qui s'approche de lui…

Des mots pour t'aider

Noms	Verbes		Adjectifs	Autres mots
un guerrier le chef la tribu Tonnerre-Grondant	voler dénoncer piéger mentir	insulter expliquer défendre calmer	violent jaloux agressif injuste	calmement violemment

+ d'exercices, cahier p. 133

pages 172 et 173

Je comprends l'épisode

1 Réponds aux questions sur l'épisode 3.

a. De quoi Plume-Rouge est-il accusé ?
Pourquoi le sac-médecine est-il si important pour les Crows ?
b. Quel personnage intervient et calme les Indiens crows ?
Quel est son rôle ?
c. Pourquoi les guerriers lakotas sont-ils armés ?
d. À ton avis, comment le chaman a-t-il su que le sac-médecine se trouvait dans la tente de Loup-Renard ?
e. Finalement, que propose Plume-Rouge ? Que penses-tu de son attitude ?

J'apprends des mots nouveaux

2 Explique ces phrases avec tes propres mots.

a. Plume-Rouge n'en mène pas large.
b. Le père de Luciole veut qu'elle partage sa vie avec un brave.
c. Dans un silence de mort, les deux clans s'installent.
d. Les guerriers crows sont rabaissés devant leurs ennemis.

Je me souviens de toute l'histoire

3 Réponds aux questions sur l'ensemble de l'histoire.

a. Que ressent Loup-Renard envers Plume-Rouge ? Pour quelle raison ?
b. Quel plan le jeune Indien crow élabore-t-il pour s'attaquer à Plume-Rouge ?
c. Quels personnages mettent fin au conflit ?

4 Quels personnages de l'histoire prononcent ces phrases ?

a. « Il ne peut pas jouer avec nous, il n'est pas des nôtres. »
b. « Mon père et ma mère sont des gens très respectés dans notre tribu. »
c. « Un jour, tu deviendras aussi habile que ta mère. »
d. « Plume-Rouge est un Lakota, il veut nous offenser. »

5 Discute avec tes camarades.

As-tu déjà été jaloux ? Pour quelles raisons ?
Penses-tu que la jalousie est un « vilain défaut » ?

+ d'exercices, cahier p. 138

Petit dictionnaire
de l'histoire

brave nom masculin. **1.** Courageux devant un ennemi, un adversaire. **2.** Quelqu'un d'honnête et bon.

cabrer verbe. Faire dresser un cheval sur ses pattes arrière.

calumet nom masculin. Sorte de pipe.

chaman nom masculin. Sorcier.

crosse nom féminin. **1.** Partie arrière du fusil, généralement en bois. **2.** Instrument composé d'un manche en bois qui permet de lancer une balle.

clan nom masculin. Groupe de personnes vivant ensemble. (*synonyme :* tribu)

gaine nom féminin. Enveloppe qui a la même forme que l'objet qu'elle protège.

humilier verbe. Faire honte à quelqu'un en montrant son infériorité.

malice nom féminin. Fait de se moquer de quelqu'un, de lui dire des petites méchancetés.

offenser verbe. Blesser quelqu'un par des paroles.

prodige nom masculin. Évènement extraordinaire. (*synonyme :* miracle)

scalp nom masculin. Chevelure d'un ennemi tué arrachée du crâne avec la peau.

tipi nom masculin. Tente des peuples indiens d'Amérique du Nord.

tomahawk nom masculin. Hache de guerre des Indiens d'Amérique du Nord.

trêve nom féminin. Période pendant laquelle les combats s'arrêtent, paix temporaire.

troc nom masculin. Échanger une chose contre une autre, sans argent.

J'utilise le petit dictionnaire

6 **Relève dans le petit dictionnaire les mots qui concernent les Indiens et leur mode de vie.**

7 **Cherche les mots manquants dans le petit dictionnaire.**

a. Le cavalier fait ~ son cheval pour impressionner ses adversaires.
b. Ce garçon plein de ~ se moque souvent de ses camarades.
c. Les deux armées ont combattu pendant deux jours, puis elles ont décidé une ~.
d. Max a dit que j'étais un menteur et cela m'a ~.

Orthographe • La lettre g (2)

il agite	il se déguise	un guide	prodigieux
il aiguise	étrange	la langue	Guy
une cage	fragile	la gymnastique	il nage
un coquillage	la guerre	il rougit	une nageoire

1 **Classe les mots en faisant deux listes :**
- dans la première, recopie les mots avec la lettre g suivie des lettres e, i ou y ;
- dans la seconde, recopie les mots avec le groupe de lettres gu suivi de e, i ou y.

2 **Dans la première liste, quel son produit la lettre g ?**

3 **Dans la seconde liste, quel son produit le groupe de lettres gu ?**

→ Mémo, p. 14

Je m'entraîne

4 **Recopie et complète les mots par g ou par gu.**

une ✤itare • une ✤êpe • le ✤el • il ✤arde • il élar✤it • une va✤e

+ d'exercices, cahier p. 129

Grammaire • L'adverbe

a. Plume-Rouge marche fièrement dans le camp des Crows.
b. Une jolie fille l'invite gentiment à venir jouer à une partie de crosse.
c. Loup-Renard, un jeune Crow, parle méchamment à Plume-Rouge. Il le saisit brusquement par la main.

5 **Cherche le verbe conjugué de chaque phrase. Relève le mot qui le suit. Tous ces mots sont des adverbes. Par quelles lettres ces mots se terminent-ils ?**

6 **Relis les phrases en supprimant les adverbes. Que constates-tu ? À quoi servent les adverbes ?**

→ Mémo, p. 24

Je m'entraîne

7 **Relève les adverbes dans ces phrases.**

Plume-Rouge se promène tranquillement au milieu des tentes. Il observe attentivement un corbeau apprivoisé. Une femme nourrit patiemment un aigle. Plume-Rouge traverse tout le campement.

+ d'exercices, cahier p. 130

8 **Complète les phrases par un adverbe qui convient. Tu peux t'aider des mots de la liste.** rapide • poli • lent • doux

a. Ces guerriers ont réagi ~ .
b. Ce paresseux travaille trop ~ .
c. Parle ~ pour qu'on ne t'entende pas.
d. Solal a demandé ~ sa route.

Conjugaison • Présent, futur, imparfait

Durant une lune entière, ce n'est que troc et échanges, fêtes, chants et danses…	Durant une lune entière, ce n'était que troc et échanges, fêtes, chants et danses…	Durant une lune entière, ce ne sera que troc et échanges, fêtes, chants et danses…

9 Repère les différences entre les trois phrases.
Quels sont les mots qui changent : les noms ou les verbes ?

10 Trouve la phrase qui correspond à celle du texte page 166.
Est-elle au passé, au présent ou au futur ?

→ Mémo, p. 32

Je m'entraîne

11 Indique le temps de chaque verbe.

il observait • il regarde • il admirera
vous marchiez • tu donnes • nous passerons

12 Transforme au temps demandé.

a. on passe → futur • on passe → imparfait
b. ils arriveront → imparfait • ils arriveront → présent

+ d'exercices, cahier p. 131

Vocabulaire • L'ordre alphabétique (4)

Voici le haut et le bas d'une double page de dictionnaire.

BOUILLANT			BOUTIQUE
BOUILLANT *adjectif.* En train de bouillir.	**BOULE** *nom féminin.* Objet de forme ronde.	**BOURDONNER** *verbe.* Faire du bruit comme les abeilles.	**BOUSSOLE** *nom féminin.* Instrument servant à s'orienter.
…	…	…	…
BOULANGERIE *nom féminin.* Magasin où l'on vend du pain.	**BOURDON** *nom masculin.* Insecte ressemblant à une abeille.	**BOUSCULER** *verbe.* Pousser quelqu'un brutalement.	**BOUTIQUE** *nom féminin.* Local où un commerçant vend sa marchandise.

13 À quoi servent les mots repères situés en haut de cette double page de dictionnaire ?

14 À ton avis, le mot **bouquet** est-il dans la seconde colonne de cette double page de dictionnaire ? Justifie ta réponse.

→ Mémo, p. 42

Je m'entraîne

15 Est-on à la page qui convient pour trouver les mots suivants ?

mouche • douche • bouche • bouteille • boutonner

+ d'exercices, cahier p. 132

pages 169 à 171

Orthographe • La lettre *l*

agile	une feuille	une oreille	la vanille
une bataille	humilié	pareil	vieil
un coquillage	une merveille	le soleil	la ville
la famille	mille	il utilise	voilà

1 **Classe les mots en faisant deux listes :**
- dans la première, recopie les mots où on entend le son [l] ;
- dans la seconde, les mots où la lettre l associée à d'autres lettres produit un autre son.

2 **Dans la première liste, quelle lettre ou quel groupe de lettres produisent le son [l] ?**

3 **Dans la seconde liste, quel son les groupes de lettres il ou ill produisent-ils ?**

→ Mémo, p. 14

Je m'entraîne

4 **Recopie et complète les mots par l ou par ll.**

il s'habi…e · il est habi…e · il fi…e · la petite fi…e · une pi…e · vi…ain · un vi…age · des bi…ets

+ d'exercices, cahier p. 134

Grammaire • Le complément du verbe

a. Luciole attend.

b. Luciole attend **Plume-Rouge.**
Luciole attend **sa mère.**
Luciole attend **le lendemain.**
Luciole attend **le repas.**

5 **Compare la phrase de la bulle a avec les phrases de la bulle b. Que remarques-tu ?**

6 **Qu'est-ce qui est pareil dans les quatre phrases de la bulle b ? Qu'est-ce qui change ?**

7 **Quelles informations a-t-on ajoutées pour compléter le verbe ?**

→ Mémo, p. 24

Je m'entraîne

8 **Complète les verbes en ajoutant des compléments.**

Il écoute… · Elle mange… · Tu pousses… · La maîtresse distribue…

9 **Dans chaque phrase, trouve le verbe et repère son complément.**

a. Plume-Rouge peint un oiseau.
b. On voit une jeune fille.
c. La fille regarde son ami.
d. J'adore ma petite voiture rouge.

+ d'exercices, cahier p. 135

Conjugaison • Le passé composé des verbes en *-er* (1)

Plume-Rouge a accepté l'invitation. Les jeunes Indiens ont joué au jeu de crosse.
Plume-Rouge : « J'ai marqué un but décisif. »
Luciole : « Oui, mais tu as humilié Loup-Renard ! »

Plume-Rouge : « Avec quoi avez-vous fabriqué ces superbes broderies ? »
Luciole : « Nous avons utilisé des piquants de porc-épic.

10 **Repère les verbes conjugués.**
De combien de mots sont-ils composés ? À quel temps sont ces phrases ?

11 **Observe le premier mot du verbe au passé composé. On l'appelle un auxiliaire.**
Quel verbe est utilisé comme auxiliaire ? À quel temps ?

12 **Observe le deuxième mot du verbe au passé composé.**
Comment s'écrit-il à la fin ?

→ Mémo, p. 32

Je m'entraîne

13 **Conjugue le verbe jouer au passé composé.**

14 **Relève les verbes au passé composé.**

Plume-Rouge a pénétré dans la tente de Luciole.
Ils ont regardé les broderies. « Tu as aimé nos bracelets ? » a demandé Luciole.
« Oui, a déclaré Plume-Rouge. Vous avez créé des merveilles ! »

+ d'exercices, cahier p. 136

L'ATELIER des mots • Connaître et appliquer les règles de construction (1)

Je manipule

15 **Construis le mot qui veut dire le contraire.**
- **Explique comment il est formé.**

juste • patient • couvert • coller

16 **Construis l'adverbe qui veut dire d'une certaine manière.**
- **Explique comment il est formé.**

sage • brusque • juste • courage • jaloux

17 **Trouve le mot de base.**
- **Explique comment chaque mot est formé.**

une fillette • un chaton • un renardeau • un guerrier • une brodeuse

+ d'exercices, cahier p. 137

pages 172 et 173

Orthographe • Les mots qui se terminent par *il* ou *ille*

un accueil	un conseil	une feuille	le réveil
il accueille	elle conseille	la paille	il réveille
un écureuil	il se débrouille	l'orgueil	le travail
une bataille	un écureuil	le fenouil	elle travaille

1 Classe les mots en faisant deux listes :
- dans la première, recopie les mots qui se terminent par le groupe de lettres ille ;
- dans la seconde, les mots qui se terminent par le groupe de lettres il.

2 Compare les déterminants des noms de ces deux listes. Que remarques-tu ?

3 Comment les verbes qui se terminent par le son [j] s'écrivent-ils à la fin ?

→ Mémo, p. 14

Je m'entraîne

4 Recopie et complète la fin des mots par il ou ille.

de la pa… • un porta… • un fauteu… • une ore… • un orte… • elle somme… • une grenou… • il gribou…

+ d'exercices, cahier p. 139

Grammaire • Des mots pour dire *quand, où* …

a. Loup-Renard ramène Plume-Rouge.
b. Loup-Renard ramène Plume-Rouge **dans le camp**.
c. Loup-Renard ramène Plume-Rouge **à midi**.
d. Loup-Renard ramène Plume-Rouge **sans ménagement**.

5 Quelles sortes d'informations a-t-on ajoutées dans les phrases b, c et d pour compléter la première phrase ?

6 Quelles questions peut-on poser pour trouver ces compléments ?

→ Mémo, p. 24

Je m'entraîne

7 Utilise les compléments ci-dessous pour compléter les phrases.

dans le tipi • au milieu des ennemis • pendant la nuit • avec courage

a. Il vole un sac. b. Elle accompagne son père. c. Il regarde les autres.

+ d'exercices, cahier p. 140

Conjugaison • Le passé composé du verbe *avoir*

a. Plume-Rouge a eu peur d'être accusé de vol.
b. « Nous avons eu raison de défendre Plume-Rouge », pensent les Lakotas.
c. Les Crows ont eu honte de Loup-Renard.
d. « Vous avez eu raison d'avoir confiance en mon père », dit Luciole aux Lakotas.
e. « Tu as eu beaucoup de sagesse ! », dit le père de Luciole.
f. « J'ai eu de la chance ! », pense Plume-Rouge.

8 **Repère dans chaque phrase le verbe conjugué. Quel est l'infinitif de ce verbe ? À quel temps est-il conjugué ?**

9 **Quel est l'auxiliaire utilisé pour conjuguer le verbe avoir au passé composé ?**

→ Mémo, p. 32

Je m'entraîne

10 **Retrouve la conjugaison du verbe avoir au passé composé.**

11 **Transforme ces phrases au passé composé.**

a. J'avais une chatte noire et blanche.
b. Elle avait des petits.
c. Ils avaient peur du bruit.
d. Ils avaient envie de rester avec leur mère.

+ d'exercices, cahier p. 141

L'ATELIER des mots • Connaître et appliquer les règles de construction (2)

Je manipule

12 **Trouve les mots de la même famille que les mots en vert.**

sage – juste – couvert – recommencer – défaire

découvert • commencer • sagesse • commencement • infaisable • recouvert • sagement • justice • justement • couvrir

13 **Trouve deux mots qui veulent dire :**

- « le contraire de » ;
- « d'une certaine manière » ;
- « que l'on fait une action une deuxième fois ».

• **Explique comment ils sont formés.**

+ d'exercices, cahier p. 142

Nagawicka

Un petit Indien *(bis)*
Nagawicka *(bis)*
Chantait gaiement sur le chemin, Nagawicka, Nagawicka *(bis)*

Quand je serai grand *(bis)*
Nagawicka *(bis)*
J'aurai un arc et un carquois, Nagawicka, Nagawicka *(bis)*

Sur mon cheval *(bis)*
Nagawicka *(bis)*
J'irai plus vite que le vent, Nagawicka, Nagawicka *(bis)*

Avec mes flèches *(bis)*
Nagawicka *(bis)*
Je chasserai le grand bison, Nagawicka, Nagawicka *(bis)*

Autour du feu *(bis)*
Nagawicka *(bis)*
Je danserai toute la nuit, Nagawicka, Nagawicka *(bis)*

Un petit Indien *(bis)*
Nagawicka *(bis)*
Chantait gaiement sur le chemin, Nagawicka, Nagawicka *(bis)*

Jacky Galou, Monde Melody,
droits transférés à Campbell Connelly France.

Yakari, La barrière de feu,
de Derib et Job,
Le Lombard.

Les chevaux de la tribu de Yakari ont été volés en pleine nuit. Le jeune Indien, aidé de son fidèle poney, est bien décidé à accompagner les guerriers de sa tribu. Parviendront-ils à retrouver les chevaux ?

unité 10

Les Indiens

Avant l'arrivée des Européens, l'Amérique du Nord était peuplée de très nombreuses nations indiennes aux coutumes très différentes. Nous allons en découvrir quelques-unes.

Un texte documentaire sur les Indiens d'Amérique du Nord

Nathan

Les PUEBLOS : de paisibles agriculteurs

Les Indiens pueblos étaient des agriculteurs qui vivaient dans des villages.

Les Pueblos habitaient des villages constitués de maisons construites en briques de terre, parfois hautes de plusieurs étages.

La vannerie servait à faire des corbeilles, des coffres mais aussi des pièges à oiseaux pour se nourrir.

Dans les champs, ils cultivaient surtout du maïs, des haricots et des courges. Ils élevaient aussi des dindons pour la viande.

C'étaient d'habiles artisans : ils façonnaient des poteries pour conserver les aliments et tissaient le coton avec lequel ils réalisaient des vêtements ou de magnifiques couvertures. Ils faisaient aussi de la vannerie pour fabriquer des paniers.

Ce peuple croyait aux *katchinas* : esprits bienfaisants ou malfaisants du monde invisible.
Au cours de danses accompagnées de chants, des hommes costumés prenaient l'apparence de ces esprits. Des poupées *katchinas* étaient offertes aux enfants pour les habituer à la présence de ces esprits.

Les APACHES : de redoutables* guerriers

Les Apaches étaient groupés en clans de quelques dizaines de personnes. Les hommes chassaient le cerf, l'antilope et le porc-épic. Les femmes utilisaient les peaux pour fabriquer des vêtements. Dès que le gibier devenait moins abondant, les Apaches changeaient de campement. Une fois sur leur nouveau territoire*, les femmes construisaient les *wickiups*.

Les Apaches se nourrissaient également de fruits sauvages qu'ils cueillaient sur des cactus.

Le *wickiup* était une hutte composée de branchages sur lesquels étaient posés des feuillages, de l'herbe séchée ou des peaux de bêtes.

Parfois, quand la chasse n'était pas bonne, les Apaches organisaient des attaques contre les villages pueblos. Avant le pillage, ils dessinaient sur leurs corps des peintures de guerre et se rassemblaient pour danser et chanter afin d'éloigner les mauvais esprits.

Les SIOUX : le peuple du bison

Les grandes plaines d'Amérique du Nord étaient autrefois traversées par des millions de bisons. Ces animaux, pesant près d'une tonne, étaient appelés Tatanka par les Indiens. Au cours de l'été, les Sioux guettaient l'apparition de ces gigantesques troupeaux.

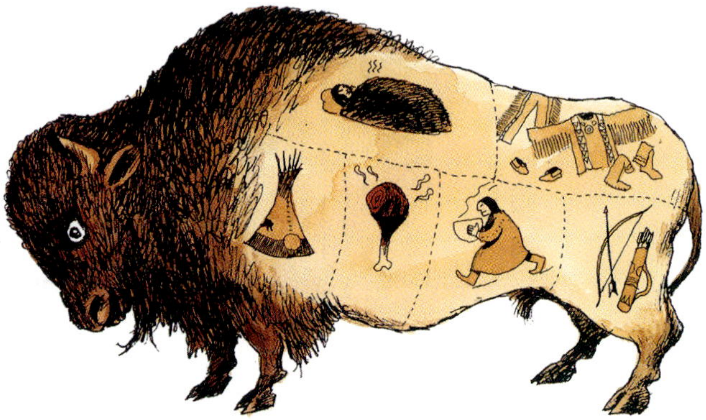

Les hommes se préparaient à la chasse en réalisant des danses destinées à apaiser l'esprit du bison. Armés d'arcs et de javelots, ils partaient ensuite en direction des troupeaux et les attaquaient par surprise. Ils ne tuaient que les animaux dont ils avaient besoin.

Tout était utilisé dans le bison : la viande était mangée crue, fumée ou séchée. La peau servait à confectionner* des vêtements. Avec la graisse, les Sioux produisaient de l'huile ou du savon, avec les os des outils ou des armes. Ils utilisaient même les bouses* pour se chauffer.

Comme ils étaient obligés de se déplacer sans arrêt, les Sioux vivaient dans des tipis, de grandes tentes facilement démontables.

Pour construire les tipis, les Sioux assemblaient des perches de bois longues de 6 à 7 mètres qu'ils recouvraient avec des peaux cousues ensemble.

Les Sioux n'ont pas toujours eu des chevaux.
Avant l'arrivée des Européens, ils utilisaient des chiens pour porter leurs bagages. Quand ils ont vu les premiers chevaux apportés par les « hommes blancs », ils les ont d'abord capturés pour se nourrir avant d'apprendre à les dresser. Ils sont alors devenus d'excellents cavaliers.

Des cavaliers sioux au 19e siècle.

Les nouveau-nés passaient leur temps dans un sac en peau de bison fixé sur un cadre en bois. Les jeunes enfants vivaient librement dans le camp, s'entraînant à la course et au tir à l'arc.

À l'âge de 13 ans, les garçons devaient découvrir leur totem (l'animal qui les protégerait et qui leur donnerait leur nom). Pour cela, ils devaient quitter le camp et vivre seuls plusieurs jours en se débrouillant par leurs propres moyens.

Un totem sioux avec un aigle comme animal protecteur.

Chassés de leurs terres

Quand les « hommes blancs » venus d'Europe débarquèrent il y a 500 ans en Amérique, ils furent bien accueillis par les Indiens. Ceux-ci les aidèrent à survivre dans un monde qui n'était pas le leur.

Arrivée de pionniers au 19e siècle.

Mais les « Blancs » arrivèrent de plus en plus nombreux sur les territoires indiens et confisquèrent leurs terres. Cela entraîna des conflits*, puis des combats. Des Indiens furent tués, d'autres faits prisonniers, d'autres encore devinrent esclaves*. Au 19e siècle, les Indiens refusèrent de continuer à abandonner leurs terres aux « Blancs ». De nombreuses tribus s'unirent et se révoltèrent. Le gouvernement américain envoya alors l'armée : la moitié des Indiens mourut au cours de ces guerres. Les survivants furent envoyés dans des réserves* où leurs descendants vivent encore aujourd'hui.

Le général Custer et son armée.

Fabrique ton totem

Un totem est un tronc d'arbre sculpté et peint.
Il représente des animaux ou des personnages superposés les uns sur les autres.
Le totem représente l'ensemble des esprits qui veillent sur le clan, que ce soit les ancêtres* ou des animaux légendaires.
On y trouve souvent l'aigle, l'ours, l'orignal, le castor, le loup, des animaux vénérés* par les Indiens.

Matériel

- un rouleau de papier essuie-tout
- une feuille blanche
- de la colle et des ciseaux
- des feutres ou de la peinture
- du carton pour les ailes

① Dessine sur la feuille des visages ou des têtes d'animaux.

② Colorie-les ou peins-les, découpe-les et colle-les sur le rouleau les uns sous les autres.

③ Décore les côtés du totem avec des motifs géométriques appréciés des Indiens.

④ Sur l'arrière du totem, tu peux coller des ailes décorées et découpées dans du carton.

Je comprends la partie

1 Réponds aux questions sur la partie 1.

a. Où vivent les Indiens dont on parle dans le documentaire ?
b. Quel était le type d'habitat des Indiens pueblos ? Comment se nourrissaient-ils ?
c. Pourquoi étaient-ils d'habiles artisans ?
d. Les Apaches avaient-ils le même style de vie que les Indiens pueblos ?
Pourquoi changeaient-ils de campement ?
e. Dans quelles circonstances les deux tribus avaient-elles l'occasion de se rencontrer ?
f. Relis le dernier paragraphe de la page 188 et le dernier de la page 189.
Quels sont les points communs entre les deux tribus ?

J'apprends des mots nouveaux

2 Explique les mots en vert avec tes propres mots.

a. Les Indiens croient aux esprits **bienfaisants** ou **malfaisants**.
b. Le gibier devient moins **abondant**.
c. Les Apaches organisent **des pillages** dans les villages pueblos.

3 Complète le nom correspondant à chaque illustration.

a. une cou… b. une poupée *kat*… c. un porc-… d. une pot…

1 

2 

3 

4 

Je lis à voix haute

4 Lis ces phrases contenant des mots étrangers.

a. Les Indiens *pueblos* étaient des agriculteurs qui vivaient dans des villages.

b. Ce peuple croyait aux *katchinas* : esprits bienfaisants ou malfaisants du monde invisible.

c. Une fois sur leur nouveau territoire, les Apaches construisaient des *wickiups*.

Je me souviens de la partie

5 À quelle tribu ces informations correspondent-elles ? Les Indiens pueblos ou les Apaches ?

a. Les hommes chassaient le cerf, l'antilope et le porc-épic.
b. Ils vivaient dans une hutte appelée *wickiup*.
c. Ils tissaient le coton et fabriquaient de belles couvertures.
d. Les guerriers organisaient des attaques contre des villages voisins.
e. Les enfants recevaient des poupées *katchinas*.

6 Associe le début de chaque phrase à la fin qui convient.

a. Les Pueblos étaient de paisibles agriculteurs…
b. Ces habiles artisans façonnaient des poteries…
c. On offrait des poupées *katchinas* aux enfants,…

1. … qui leur permettaient de conserver des aliments.
2. … qui s'habituaient ainsi à la présence des esprits.
3. … qui habitaient des maisons construites en briques de terre.

J'écris des phrases

7 Choisis une des deux tribus présentées dans la partie 1 et décris-la en deux ou trois phrases.

Utilise des mots d'une de ces deux listes.

1. des guerriers • un campement • un *wickiup* • la chasse • des pillages
2. des agriculteurs • le village • cultiver • des artisans • les *katchinas*

+ d'exercices, cahier p. 143

pages 190 et 191

Je comprends la partie

1 Réponds aux questions sur la partie 2.

a. Quel animal, les Sioux avaient-ils l'habitude de chasser ? Comment l'appelaient-ils ?
b. Comment l'animal était-il utilisé une fois chassé ?
c. Pourquoi les Sioux changeaient-ils souvent de campement ?
d. Avec quels éléments construisaient-ils leurs tipis ?
e. Les Sioux ont-ils toujours eu des chevaux ? Comment faisaient-ils auparavant ?

J'apprends des mots nouveaux

2 Explique ces phrases avec tes propres mots.

a. Ils guettaient l'apparition des troupeaux.
b. Les chasseurs veulent attaquer les animaux par surprise.
c. Les Sioux ont appris à dresser les chevaux.

3 Retrouve les mots correspondant aux illustrations suivantes.

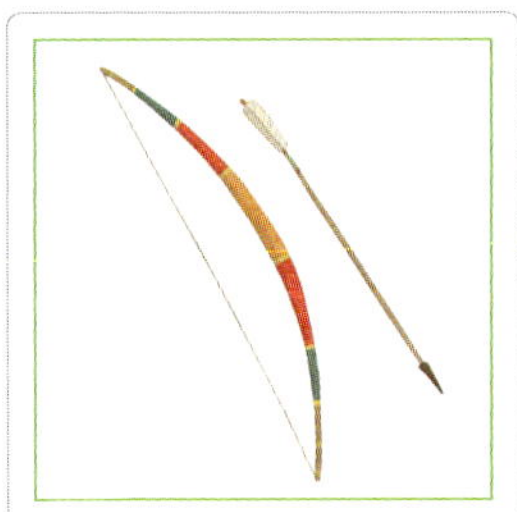

4 Associe les produits qui vont ensemble.
Le premier produit sert à fabriquer le second produit.

Les mots de l'artisanat indien

Produit utilisé	Produit fabriqué
1. la peau de bison	a. les couteaux, les outils, les patins de traîneau
2. l'os de bison	b. les vêtements et les tipis, le carquois
3. les tendons ou les boyaux	c. les cordes pour les arcs, le fil de couture
4. l'argile	d. les couvertures
5. les feuilles de maïs, les racines, le jonc	e. les paniers, les nasses à poissons
6. le coton	f. la poterie

Je me souviens de la partie

5 À quel endroit de la partie pourrais-tu ajouter ces nouvelles phrases ?

a. Avec les tendons, ils réalisaient des cordes pour les arcs ou du fil de couture.
b. L'entrée était toujours orientée à l'est, face au soleil levant.
c. Les chevaux pouvaient porter ou tirer des chargements bien plus lourds.

6 Complète ces phrases avec des mots du texte.

Les jeunes enfants vivaient ~ dans le camp. Ils s'entraînaient à la ~ et au tir à l'arc. À l'âge de ~ ans, ils devaient découvrir leur ~ . Ils quittaient le ~ plusieurs ~ pour vivre ~ en se débrouillant par leurs propres ~ .

J'écris un petit texte

7 Observe les illustrations, puis décris les différentes étapes de la fabrication d'une coiffe d'Indien.

Pour t'aider, réponds d'abord à ces questions.

a. De quel matériel a-t-on besoin ?
b. Quels accessoires va-t-on utiliser ?
c. Comment peut-on réaliser des plumes dans des feuilles de papier ?

1. Plie une longue bande…
2. Découpe…
3. Colle…
4. Décore…
5. Fixe…

Des mots pour t'aider

Noms	Verbes		Adjectifs	Adverbes
une bande du carton une feuille un motif	plier coller découper	disposer décorer mesurer	cartonné coloré géométrique	régulièrement soigneusement

+ d'exercices, cahier p. 148

pages 192 et 193

Je comprends la partie

1 Réponds aux questions sur la partie 3.

a. D'où les « hommes blancs » venaient-ils ?
Pourquoi les Indiens les ont-ils appelés ainsi ?

b. Pour quelles raisons y a-t-il eu des conflits et des combats entre les Indiens et les « hommes blancs » ?

c. Dans quels endroits les Indiens vivent-ils aujourd'hui ?

Je comprends la fiche de fabrication

d. Qu'est-ce qu'un totem ?
Quels animaux peuvent y être représentés ?

e. Avec quel matériel peux-tu fabriquer un totem ?

J'apprends des mots nouveaux

2 Explique les mots en vert avec tes propres mots.

a. Les descendants des Indiens vivent dans des réserves.

b. Sur un totem, les animaux ou les personnages sont superposés.

c. L'ours, le loup ou le castor sont vénérés par les Indiens.

Je me souviens de tout le documentaire

3 Réponds aux questions sur l'ensemble du documentaire.

a. Quelles tribus sont présentées dans ce documentaire ?

b. Quelles sont les deux tribus qui ont un mode de vie proche ? Pourquoi ?

c. Quelle est celle qui a un mode de vie différent ? Pourquoi ?

d. Pourquoi la moitié des Indiens a-t-elle disparu au cours de l'Histoire ?

4 Discute avec tes camarades.

Qu'as-tu appris sur la manière de vivre des Indiens d'Amérique du Nord ?
Aimerais-tu vivre comme eux ?

+ d'exercices, cahier p. 153

Petit dictionnaire du documentaire

ancêtre nom masculin ou féminin. Personne née plusieurs générations avant soi. *Marie a écrit le nom de ses ancêtres sur son arbre généalogique.*

bouse nom féminin. Crotte des vaches, des bœufs, des taureaux, des veaux et des bisons. *Léon ne supporte pas l'odeur de bouse de vache dans l'étable.*

confectionner verbe. Fabriquer. *Dans ma classe, on a confectionné un miroir pour la fête des Mères.*

conflit nom masculin. Opposition, rivalité entre personnes. *Mon père est en conflit avec notre voisin à cause de son chien qui hurle toute la nuit.*

esclave nom masculin ou féminin. Personne privée de liberté qui est obligée de travailler pour quelqu'un. *Autrefois, en Amérique, les esclaves travaillaient dur dans des champs de coton.*

redoutable adjectif. Qui est craint. *Avec ses 100 kilos et ses 2 mètres de haut, mon adversaire était redoutable.*

réserve nom féminin. **1.** Endroit où les plantes et les animaux sont protégés. *Il est interdit de chasser dans la réserve.* **2.** Dans certains pays, territoire réservé à une ancienne tribu.

territoire nom masculin. Zone occupée par un peuple. *La banquise est le territoire de chasse de l'ours blanc.*

vénéré adjectif. Respecté, adoré. *Autrefois, le chat était un animal vénéré par les Égyptiens.*

J'utilise le petit dictionnaire

5 **Cherche les mots manquants dans le petit dictionnaire.**

a. L'artiste a besoin d'argile pour ~ son vase.
b. Les tribus sont en ~ car elles veulent le même ~ de chasse.
c. Certains rois étaient ~, pourtant ils avaient des colères ~.

6 **Cherche les réponses aux questions dans les articles du petit dictionnaire.**

a. Au début de quels noms peut-on utiliser le déterminant l' ?
b. Dit-on des bouses secs ou des bouses sèches ? Pourquoi ?
c. Dit-on un esclave courageux ou une esclave courageuse ? Pourquoi ?

7 **Indique entre quels articles du petit dictionnaire doivent être classés les mots suivants.**

confortable • confection • confiance • combat • connu • conduire • corne

Orthographe • Les lettres finales muettes

du plom✤ • le cam✤ • des œu✤s • le san✤ • du ri✤
ron✤ • fran✤ • genti✤ • mauvai✤ • for✤ • courageu✤

le campeur	mauvaise
courageuse	un œuf
forte	le plombier
franche	la rizière
gentille	ronde
sanglant	

1 **Ces mots finissent tous par une lettre muette. Pour découvrir cette lettre, observe les mots de la bulle.**

2 **Fais la liste des lettres qui peuvent être muettes.**

3 **Comment fait-on pour trouver la lettre finale muette quand c'est un nom ?**

4 **Comment fait-on pour trouver la lettre finale muette quand c'est un adjectif ?**

→ Mémo, p. 15

Je m'entraîne

5 **Trouve la lettre muette en cherchant l'adjectif au féminin.**

blan✤ • lon✤ • bavar✤ • gri✤ • blon✤ • méchan✤ • gran✤

6 **Trouve la lettre muette en cherchant un mot de la même famille.**

le repo✤ • un mon✤ • le retar✤ • le bor✤ • le ven✤ • le spor✤

+ d'exercices, cahier p. 144

Grammaire • Les déterminants (1)

un tipi	mon tipi	ton tipi	son tipi	leur tipi	ce tipi
une hutte	ma hutte	ta hutte	sa hutte	leur hutte	cette hutte
des tipis	mes tipis	tes tipis	ses tipis	leurs tipis	ces tipis
des huttes	mes huttes	tes huttes	ses huttes	leurs huttes	ces huttes

7 **Les mots soulignés s'appellent des déterminants. Devant quelle catégorie de mots sont-ils placés ?**

8 **Le nom un tipi est masculin, une hutte est féminin. Quelles transformations remarques-tu pour les déterminants ?**

9 **Que se passe-t-il pour ces déterminants quand le nom est au pluriel ?**

→ Mémo, p. 25

Je m'entraîne

10 **Transforme.**

ce panier → pluriel
son frère → féminin
ma tante → masculin
leur chat → pluriel

+ d'exercices, cahier p. 145

11 **Remplace le déterminant de chaque nom par d'autres.**

a. Les couvertures sont magnifiques.
b. La chasse a été bonne.
c. Ils fabriquent des poupées.
d. Ils utilisent des peaux.

Conjugaison • Le passé composé du verbe *être*

12 Quel est l'infinitif des verbes soulignés ? À quel temps sont-ils conjugués ?

13 Comment appelle-t-on le premier mot du verbe conjugué ?

14 Quel auxiliaire utilise-t-on pour conjuguer le verbe être au passé composé ?

→ Mémo, p. 30

Je m'entraîne

15 Retrouve la conjugaison du verbe être au passé composé.

16 Transforme ces phrases au passé composé.

a. Les Pueblos sont de paisibles agriculteurs.
b. L'Apache est un guerrier redoutable.
c. Vous êtes d'habiles artisans.
d. Tu es un Indien courageux.

+ d'exercices, cahier p. 146

Vocabulaire • Les catégories de mots

Les Pueblos plantent différentes cultures : le maïs, les haricots et les courges. Ils pratiquent différents artisanats : la poterie, le tissage, la vannerie.

Les Apaches chassent différents animaux : le cerf, l'antilope, le porc-épic. Pour leurs huttes, ils utilisent différents matériaux : des branches, des feuillages, des peaux.

17 Dans chaque phrase, quel mot désigne l'ensemble des mots soulignés ?

18 Trouve d'autres mots que l'on pourrait regrouper dans chaque catégorie.

→ Mémo, p. 42

Je m'entraîne

19 Classe les noms suivants dans la catégorie qui convient.

l'Europe • un agriculteur • les mocassins • une coiffe • l'Amérique • un chasseur

Vêtement	Continent	Métier

20 Regroupe ces noms par catégorie et indique le nom de chaque catégorie trouvée.

un tomahawk • un tipi • une flèche • un *wickiup* •
une hutte • un bouclier • un igloo • un javelot

+ d'exercices, cahier p. 147

Orthographe • La lettre x

les animaux	le dixième	il existe	la paix
des chevaux	doux	des feux	les Sioux
le deuxième	un examen	il fixe	soixante
dix	un taxi	nombreux	les troupeaux

1 **La lettre x peut produire des sons différents.**
Classe les mots ci-dessus en listes selon le son que produit la lettre x.

2 **La lettre x peut aussi être muette à la fin de certains mots.**
Observe le déterminant et explique pourquoi.

→ Mémo, p. 15

Je m'entraîne

3 **Recopie et complète la fin des mots par s ou par x.**

des jeu… • des peau… • des caillou… • des clou… • des numéro… • des cheveu… • des manteau… • des cou… • des sou… • des ciseau…

+ d'exercices, cahier p. 149

Grammaire • Les déterminants (2)

a. En Amérique du Nord, il y a quatre saisons : le printemps, l'été, l'automne et l'hiver.
b. Les Indiens mangent de la viande. – Les Sioux mangent du bison.
c. Le jeune Indien s'entraîne à la course. – Le jeune Indien s'entraîne au tir.
d. Il se prépare à la chasse à l'antilope. – Il se prépare à la chasse aux antilopes.

4 **Retrouve les déterminants de la phrase a.**

5 **Pourquoi le déterminant le devient-il l' devant les noms été, automne et hiver ?**

6 **Observe les couples de phrases b, c et d. Compare les déterminants quand le nom est masculin, féminin, singulier ou pluriel.**

→ Mémo, p. 25

Je m'entraîne

7 **Recopie ces mots avec le déterminant qui convient (le ou l').**

Indien • troupeau • animal • bison • herbe • esprit • huile • arc

+ d'exercices, cahier p. 150

8 **Transforme la phrase en remplaçant le mot souligné par celui entre parenthèses.**

a. On parle à l'<u>homme</u>. (hommes)
b. On en donne aux <u>enfants</u>. (enfant)
c. On boit de l'<u>eau</u>. (lait)
d. On pense à l'<u>hiver</u>. (printemps)

Conjugaison • Le passé composé des verbes en *-er*

9 **Cherche les verbes au passé composé. Avec quel auxiliaire sont-ils conjugués ?**

10 **Comment les verbes s'écrivent-ils à la fin ? Cherche les sujets des verbes et explique leur terminaison.**

11 **Retrouve l'ensemble de la conjugaison du verbe rester au passé composé.**

→ Mémo, p. 33

Je m'entraîne

12 **Transforme au passé composé. Indique l'auxiliaire utilisé : être ou avoir.**

Il arrive de la chasse. Il rapporte du gibier. Il entre dans son tipi. Il range ses armes.

13 **Écris la fin du verbe au passé composé. Il est conjugué avec l'auxiliaire être.**

a. Les Indiens sont pass… loin du camp.
b. Les femmes sont pass… près du *wickiup*.
c. Les bisons sont pass… par là !
d. La nourriture est pass… de main en main.

+ d'exercices, cahier p. 151

L'ATELIER des mots • Appliquer les règles de construction des mots (1)

Je manipule

14 **Trouve les mots à partir des définitions. Explique comment ils sont formés.**

Prendre à nouveau. → ~
Coudre une nouvelle fois. → ~
Entrer à nouveau. → ~
Un petit garçon. → ~
Un enfant qui va à l'école. → ~
Un homme qui cuisine. → ~

+ d'exercices, cahier p. 152

15 **Trouve les mots à partir des définitions. Comment sont-ils formés ?**

Le petit du loup et de la louve. → ~
Le petit du chat et de la chatte. → ~
Le petit du renard et de la renarde. → ~
Le petit du chien et de la chienne. → ~

Orthographe • Les groupes de trois lettres *scl, scr, str…*

Bafouillus se trompe toujours en écrivant les mots. Syllabus ne fait jamais d'erreur.

un esclave – un exlave	un abrisseau – un arbrisseau
il s'esclame – il s'exclame	une catastrophe – une castatrophe
c'est extraordinaire – c'est extaordinaire	une inscription – une incription
l'électricité – l'életricité	il enregiste – il enregistre

1 **Trouve les mots bien écrits.**

2 **Explique les erreurs de Bafouillus.**

→ Mémo, p. 15

Je m'entraîne

3 **Repère les mots mal écrits et recopie-les en les corrigeant.**

un muxle • c'est excellent • l'extérieur • une diretrice • un monstre • une constuction • une description • une soutraction • un exporateur

+ d'exercices, cahier p. 154

Grammaire • Les classes de mots

l'	il	confectionner	haut	ours	librement
un	ils	faire	séché	moitié	facilement
les	on	aider	paisible	guerre	habilement
des	elle	refuser	invisible	monde	brutalement
leurs	elles	découvrir	magnifique	Amérique	différemment

4 **Les mots du texte ont été classés par catégories. Trouve lesquelles.**

5 **Dans quelles leçons de ton manuel trouve-t-on des pronoms ? Connais-tu d'autres déterminants ?**

6 **Comment reconnaît-on les verbes ? Et les noms ?**

7 **Quelle est la particularité de ces adverbes ? À quoi servent les adjectifs ?**

→ Mémo, p. 25

Je m'entraîne

8 **Dans le texte ci-dessous, trouve trois noms, trois verbes, trois adjectifs et deux adverbes.**

Les Indiens heureux et libres habitaient l'Amérique. Ils vivaient tranquillement avant l'arrivée des hommes blancs. On les a brutalement chassés de leurs territoires.

9 **Dans le texte ci-dessus, trouve quatre déterminants et deux pronoms.**

+ d'exercices, cahier p. 155

Conjugaison • Transformer des phrases à différents temps

a. Les Indiens nomment les hommes blancs les « Visages pâles ».
b. Les Indiens nommaient les hommes blancs les « Visages pâles ».
c. Les Indiens nommeront les hommes blancs les « Visages pâles ».
d. Les Indiens ont nommé les hommes blancs les « Visages pâles ».

10 **Quel est l'infinitif du verbe de chaque phrase ?**

11 **À quel temps les verbes sont-ils conjugués ?**

→ Mémo, p. 33

Je m'entraîne

12 **Écris la phrase suivante au futur, à l'imparfait et au passé composé.**
« L'homme blanc » nomme les Indiens les « Peaux-Rouges ».

13 **Transforme les phrases aux temps indiqués entre parenthèses.**

a. Je chasserai un bison. (présent – imparfait – passé composé)
b. Il était dans sa hutte. (présent – passé composé – futur)
c. J'ai eu très peur. (présent – imparfait – futur)

+ d'exercices, cahier p. 156

L'ATELIER des mots • Appliquer les règles de construction des mots (2)

Je manipule

14 **Trouve les contraires de ces mots. Explique comment ils sont formés. Que remarques-tu ?**

visser • supportable • encourager • fidèle •
possible • visible • humain • monter

15 **Remplace chaque mot en vert par le mot qui convient. Explique comment il est formé.**

Les Sioux vivent dans de grandes tentes.
Ils changent souvent de schpoutzement pour chasser.
Ils déschpoutzent leurs tentes et les reschpoutzent pour dormir.
Les petits des ours sont nés. Il faut faire attention à ne pas tuer les schpoutzons !
Les Indiens s'approchent schpoutzement des animaux.

+ d'exercices, cahier p. 157

La danse des Choctaws

Catlin George, 1835-1837, Musée du Quai Branly.

L'Indien qui ne savait pas courir,
de Leigh Sauerwein,
coll. « J'aime lire », © Bayard Poche.

Huchté est un jeune Indien de la tribu des Lakotas. Mais il est différent des autres enfants : son pied déformé l'empêche de courir et on le surnomme Huchté-le-boiteux. Malheureux, il se réfugie auprès des animaux de la forêt…

Crédits photographiques

p. 14 : BnF ; **p. 25 :** Leemage/ DeAgostino ; **p. 26 :** Fotolia/ Jimjag (haut) ; **p. 26 :** RMN/ Franck Raux (bas) ; **p. 27 :** Fotolia/ Freddy Smeets ; **p. 28 :** BIS/ Ph. Coll. Archives Larbor ; **p. 29 :** Agefotostock/ Topicphoto Agency IN ; **p. 31 :** Guédelon © Colalorda (milieu droite) ; **p. 31 :** Guédelon © Christian Duchemin (haut milieu) ; **p. 31 :** Guédelon © Guédelon (haut gauche) ; **p. 31 :** Guédelon © Christian Duchemin (bas gauche) ; **p. 31 :** Guédelon © Guédelon (milieu bas) ; **p. 31 :** Guédelon © Guédelon (haut droite) ; **p. 32 :** © Conseil général du Lot, musée départemental de Cuzals, Nelly Blaya ; **p. 34 :** BIS/ Ph. Coll. Archives Nathan ; **p. 37 :** Fotolia/ Jorge Chaves ; **p. 39 :** Leemage/ Luisa Ricciarini ; **p. 41 :** BIS/ Ph. Coll. Archives Nathan ; **p. 65 :** Fotolia/ Nobert Michutta (haut) ; **p. 65 :** Biosphoto/ Howard Hall/ OSF (bas gauche) ; **p. 65 :** Shutterstock/ Claude Huot (bas milieu) ; **p. 65 :** Shutterstock/ Martin Tiller (bas droite) ; **p. 66 :** Shutterstock/ CampCrazy Photography (haut); **p. 66 :** Biosphoto/ Reinhard Dirscherl (milieu) ; **p. 66 :** Shutterstock/ Claude Huot (bas) ; **p. 67 :** Biosphoto/ Frederic Pacorel (haut) ; **p. 67 :** Shutterstock/ Pinosub (bas) ; **p. 69 :** Shutterstock/ Cigdem Sean Cooper (haut) ; **p. 69 :** AFP/ Marcel Mochet (milieu) ; **p. 69 :** Shutterstock/ Jan Martin Will (bas) ; **p. 70** Biosphoto/ Nicolas-Alain Petit ; **p. 71 :** © Lucas Larnicol ; **p. 73 :** Biosphoto/ George Bernard/ Science Photo Library ; **p. 74 :** iStockphoto/ vilainecrevette (haut gauche) ; **p. 74 :** Shutterstock/ Jan Martin Will (haut milieu gauche) ; **p. 74 :** Corbis/ Paul Souders (haut milieu droite) ; **p. 74 :** Shutterstock/ Cigdem Sean Cooper (haut droite) ; **p.74 :** iStockphoto/ SteveDF (droite) ; **p. 76 :** © Lucas Larnicol (haut) ; **p. 77 :** Shutterstock/ Pinosub ; **p. 78 :** Shutterstock/ Claude Huot (haut gauche) ; **p. 78 :** Biosphoto/ Brandon Cole (haut droite) ; **p. 78 :** Biosphoto/ Reinhard Dirscherl (bas gauche) ; **p. 78 :** iStockphoto/ Luso (bas droite) ; **p. 79 :** Biosphoto/ Brandon Cole ; **p. 84 :** Collection Centre Georges Pompidou, Paris, distr. RMN / Jacqueline Hyde © Succession Matisse, Paris 2012 ; **p. 94 :** Shutterstock/ Peter Radacsi (haut gauche) ; **p. 94 :** Shutterstock/ Steve Byland (haut milieu) ; **p. 94 :** Fotolia/ David Davis (haut droite) ; **p. 94 :** Shutterstock/ Lukas Hejtmanp (milieu gauche) ; **p. 94 :** Shutterstock/ KennStilger47 ; **p. 94 :** Fotolia/ Boris Jaroscak (bas gauche) ; **p. 94 :** Shutterstock/ Vitaly Ilyasov (bas milieu) ; **p. 94 :** Fotolia/ donis/ hc (bas droite) ; **p. 105 :** Corbis/ Michael Runkel (gauche) ; **p. 105 :** Hemis.fr/ Gill Giuglio (haut) ; **p. 105 :** Hemis.fr/ Christophe Boisvieux (bas) ; **p. 106 :** Hemis.fr/ Bruno Morandi (haut) ; **p. 106 :** Hemis.fr/ Christophe Boisvieux (milieu) ; **p. 106 :** Agefotostock. URF (bas) ; **p. 107 :** Photononstop/ Nicolas Thibaut (haut) ; **p. 107 :** Hemis.fr/ Robert Harding (milieu) ; **p. 107 :** Photononstop/ Nicolas Thibaut (bas) ; **p. 108 :** Fotolia. Piccaya (haut gauche) ; **p. 108 :** Hemis.fr/ Gill Giuglio (bas droite) ; **p. 108 :** Hemis.fr/ Jean Heintz (milieu) ; **p. 108 :** Agefotostock/ Michael Runkel (bas) ; **p. 109 :** Corbis/ Martin Harvey (haut) ; **p.109 :** Fotolia/ Pierre-Jean Durieu (milieu) ; **p. 109 :** Shutterstock/ Roby 1960 (bas haut gauche) ; **p. 109 :** Nature picture Library/ Peter Blackwell (bas bas gauche) ; **p. 109 :** Shutterstock/ Mogens Trolle (bas milieu) ; **p.109 :** Biosphoto/ Olivier Grunewald/ OSF (bas droite) ; **p. 110 :** Agefotostock/ Kerry Dunstone (haut) ; **p. 110 :** Corbis/ Michael Runkel (milieu) ; **p. 110 :** Fotolia/ Sahara nature (bas gauche) ; **p.110 :** Biosphoto/ Alain Dragesco-Joffe (bas milieu) ; **p. 110 :** Fotolia/ Jérôme Dreumont (bas droite) ; **p. 111 :** © Lucas Larnicol ; **p. 111 :** © Catherine Bourges ; **p. 112 :** Hemis.fr/ Bruno Morandi ; **p. 113 :** Fotolia/ philipus ; **p. 114 :** Fotolia/ Pierre-Jean Durieu (gauche) ; **p. 114 :** Nature picture Library/ Peter Blackwell (milieu gauche) ; **p. 114 :** Shutterstock/ Mogens Trolle (milieu) ; **p. 114 :** Biosphoto/ Olivier Grunewald/ OSF (milieu droite) ; **p. 114 :** © NP/Parade sauvage (bas) ; **p. 114 :** Shutterstock/ Illuta Goean (droite) ; **p. 116 :** Corbis/ Michael Runkel (gauche) ; **p. 116 :** Fotolia/ Christian Lebon (droite) ; **p. 117 :** Corbis/ Franck Guiziou (gauche) ; **p. 117 :** iStockphoto/ King-tut (droite) ; **p. 124 :** Agefotostock/ J.D Dallet (haut) ; **p. 124 :** Corbis/ DK limited (bas gauche) ; **p. 124 :** Agefotostock/ Nabil Ezz (bas droite) ; **p. 145 :** © Yann Arthus-Bertrand /Altitude-Paris (haut) ; **p. 145 :** iStockphoto/ nantela (bas gauche) ; **p. 145 :** Shutterstock/ Patrick Morana (bas milieu) ; **p. 145 :** Shutterstock/ Vitaly Titov – Maria Sidelnikova (bas droite) ; **p. 146 :** iStockphoto/ nantela (haut gauche) ; **p. 146 :** Shutterstock/ Patrick Morana (haut droite) ; **p. 146 :** Shutterstock/ Vitaly Titov – Maria Sidelnikova (bas) ; **p. 148 :** Fotolia/ pixopixo ; **p. 148 :** Fotolia/ c. (haut milieu gauche) ; **p.148 :** Shutterstock/ Krasowitt (haut milieu droite) ;

p. 148 : Shuttersotck/ Versh (haut droite) ; **p. 148 :** Fotolia : Vasilius (milieu gauche) ; **p. 148 :** iStockphoto/ Bigjoker (milieu droite) ; **p. 148 :** Fotolia/Nathan (bas gauche) ; **p. 148 :** Fotolia/ by-studio (bas milieu gauche) ; **p. 148 :** Fotolia/ Zipo (bas milieu droite) ; **p. 148 :** Shutterstock/ AlessandroZocc (bas droite) ; **p. 151 :** © Erwan Sourget ; **p. 151 :** © Yann Arthus-Bertrand /Altitude-Paris (bas) ; **p. 155 :** Shutterstock/ Caitlin Mirra ; **p. 156 :** Shutterstock/ Richard Peterson ; **p. 164 :** Fotolia/ umjb ; **p. 189 :** AKG Paris (haut) ; **p. 188 :** Shutterstock/ Josemaria Toscano (haut) ; **p. 188 :** Corbis/ Richard A. Cooke (bas) ; **p.189 :** Fotolia/ Simon Lafarge (milieu) ; **p. 191 :** B. et C. Alexander / Cosmos (bas droite) ; **p. 189 :** Leemage/ North wind pictures (bas) ; **p. 189 :** Bridgeman Giraudon (haut) ; **p. 190 :** Bridgeman Giraudon/ Stapleton collection (haut) ; **p. 190 :** Fotolia/ Gerhard Reus (bas) ; **p. 193 :** © Catherine Bourges ; **p. 192 :** Bridgeman Giraudon/ Look and Learn (haut) ; **p. 192 :** Bridgeman Giraudon/ Peter Newark American Pictures (bas) ; **p. 206 :** Scala, Florence/ Art ressource/ Smithsonian American Art Museum, Washington.

Illustrateurs

Robert Barborini : p. 150.
Corinne Baret-Idatte : p. 45, 46, 47, 48, 49, 50, 51, 52 (haut), 53 (milieu), 54, 56 (haut), 59 (bas), 60 (bas), 63 (bas).
Christophe Blain : p. 190.
Samuel Buquet : p. 147, 152,187, 197.
Patrick Chenot : p. 42, 43, 60, 62, 79 (bas), 81, 118 (bas), 121, 159, 201 (haut), 203 (haut), 204 (haut).
Olivier Deloye : p. 26 (milieu), 27, 28 (bas), 29 (haut), 30, 32 (bas), 33 (bas), 35 (milieu), 38 (bas), 68, 70 (bas), 73 (bas).
Christian Guibbaud : p. 85, 86, 87, 88, 89, 90, 91, 92 (milieu), 93 (haut), 94 (milieu), 95 (bas), 96 (bas), 99 (haut), 101 (bas).
Romain Guyard : p. 5, 6, 7, 8, 9, 10, 11, 12 (bas), 13 (milieu), 15, 19 (haut), 21 (haut), 22 (milieu), 23 (haut).
Gilbert Houbre : p. 149.
Élodie Pasgrimaud : illustration de la couverture, p. 17 (bas), 19 (bas), 20 (milieu), 33 (haut, milieu), 37 (bas), 40 (haut), 52 (bas), 57, 77 (bas), 80 (bas), 97 (bas), 112 (milieu), 117 (bas), 134, 136, 137, 138, 153 (milieu), 154, 156, 160, 161, 162, 163, 176 (bas), 180 (haut droite), 184 (milieu), 194, 196, 200, 201, 203, 205.
Charline Picard : p. 125, 126, 127, 128, 129, 130, 131, 132 (haut), 133 (bas), 135 (bas), 139 (haut).
Marcelino Truong : p. 165, 166, 167, 168, 169, 170, 171, 172, 173, 174 (haut), 176 (haut), 177 (bas), 181 (milieu), 182 (milieu).

Nos remerciements chaleureux à **Lucas Larnicol**.

Conception graphique, mise en pages et couverture : **Killiwatch**
Iconographie : **Claire Segura**
Coordination artistique : **Domitille Pasquesoone**
Édition : **Soraya Kerchaoui-Matignon, Anne Pérez**

FSC www.fsc.org MIXTE Papier issu de sources responsables FSC® C022030

N° project : 10177740
Dépôt légal : Février 2012
imprimé en Italie
par N.I.I.A.G.

Présentation du manuel

10 unités, 10 œuvres intégrales : 5 histoires, 5 documentaires

Les pages de l'histoire ou du documentaire

Tu lis chaque épisode de l'histoire ou chaque partie du documentaire.

ÉPISODE 3

Dès l'aube, Ysengrin frappe à la porte de Renart.
– Gentil goupil, je meurs de faim. Auriez-vous quelque chose pour moi ?
– Hélas, dit le goupil en riant dans sa barbe. Mon garde-manger est vide. Mais j'ai entendu dire que les caves du seigneur de Haute-Cloche sont pleines à craquer. Et il se trouve que je connais un moyen d'y entrer.

Renart conduit le loup au château et pénètre dans un passage étroit de la muraille. Ysengrin le suit, se faufilant avec peine. Enfin, les voilà dans les caves où un festin les attend : pâtés de canard, gâteaux de miel, saucisses fumées, poulets rôtis… Ysengrin se jette sur la nourriture, avalant tout ce qui lui tombe sous la dent. Soudain, un bruit de clé, une lumière et puis des cris : « Au loup ! Au loup ! ».

Les deux compères font demi-tour. Mais tandis que Renart se précipite à travers le trou du mur, le loup reste coincé ! Il a tant mangé que son ventre a enflé ! Déjà, les hommes arrivent.
– Par la barbichette de saint Pancrace, dit le seigneur de Haute-Cloche, jamais je n'ai vu un loup aussi nigaud ! Qu'on m'apporte mon épée !

À ces mots, le pauvre Ysengrin se tortille en tous sens. La tête passe, les pattes suivent, puis le ventre… mais pas la queue ! D'un coup d'épée, le seigneur l'a tranchée net ! Poussant un hurlement de douleur, le loup s'enfuit vers la forêt où il paraît qu'il court encore…

FIN

10 11

Les pages de Lecture / Expression

Après chaque épisode, **tu réponds** à l'oral à des questions pour mieux comprendre l'histoire.

À la fin de chaque épisode, **tu vérifies** que tu l'as bien compris.

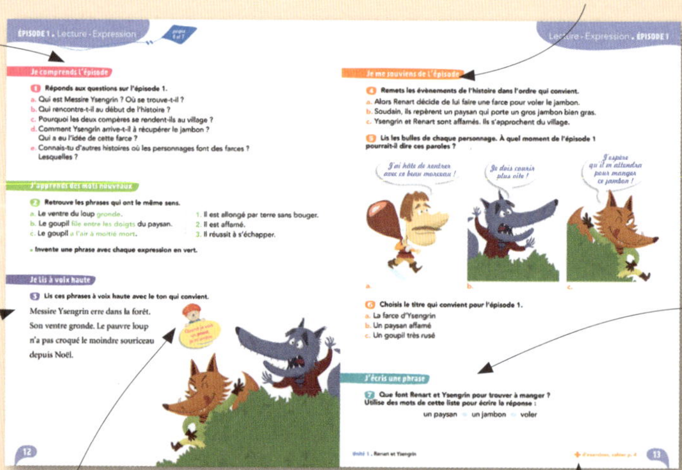
ÉPISODE 1 . Lecture - Expression

Je comprends l'épisode

1 Réponds aux questions sur l'épisode 1.
a. Qui est Messire Ysengrin ? Où se trouve-t-il ?
b. Qui rencontre-t-il au début de l'histoire ?
c. Pourquoi les deux compères se rendent-ils au village ?
d. Comment Ysengrin arrive-t-il à récupérer le jambon ? Qui a eu l'idée de cette farce ?
e. Connais-tu d'autres histoires où les personnages font des farces ? Lesquelles ?

J'apprends des mots nouveaux

2 Retrouve les phrases qui ont le même sens.
a. Le ventre du loup gronde.
b. Le goupil file entre les doigts du paysan.
c. Le goupil a l'air à moitié mort.

1. Il est allongé par terre sans bouger.
2. Il est affamé.
3. Il réussit à s'échapper.

• **Invente une phrase avec chaque expression en vert.**

Je lis à voix haute

3 Lis ces phrases à voix haute avec le ton qui convient.
Messire Ysengrin erre dans la forêt. Son ventre gronde. Le pauvre loup n'a pas croqué le moindre souriceau depuis Noël.

12

Lecture - Expression . ÉPISODE 1

Je me souviens de l'épisode

4 Remets les évènements de l'histoire dans l'ordre qui convient.
a. Alors Renart décide de lui faire une farce pour voler le jambon.
b. Soudain, ils repèrent un paysan qui porte un gros jambon bien gras.
c. Ysengrin et Renart sont affamés. Ils s'approchent du village.

5 Lis les bulles de chaque personnage. À quel moment de l'épisode 1 pourrait-il dire ces paroles ?

a. b. c.

6 Choisis le titre qui convient pour l'épisode 1.
a. La farce d'Ysengrin
b. Un paysan affamé
c. Un goupil très rusé

J'écris une phrase

7 Que font Renart et Ysengrin pour trouver à manger ? Utilise des mots de cette liste pour écrire la réponse :
un paysan • un jambon • voler

Unité 1 . Renart et Ysengrin

13

Tu apprends des mots nouveaux grâce à l'histoire et aux questions.

Tu écris une phrase ou un petit texte en lien avec l'histoire ou le documentaire.

Tu lis à voix haute un passage du texte. Le souriceau Croque-Lignes est là pour t'aider !

Dans le **cahier**, tu trouveras des exercices pour t'entraîner en autonomie dans tous les domaines.